日本与德国

两种战后思想

[日] 仲正昌树 著
暴凤明 译

上海译文出版社

目 录

中文版序

李雪涛

摆在诸位面前的这部《日本与德国：两种战后思想》是日本金泽大学法学系教授、专攻社会思想史和比较文学的仲正昌树(1963—　)于2005年在光文社出版的文库本。我手头上的这本是2009年的第4次印刷本。这部书从“战后责任”“国家形态”“马克思主义”和“后现代”四个方面，概述了德国和日本战后思想的演变：这两个战败国在很大程度上经历了相似的历程，但在关键点上仍存在明显的差异。仲正对这些差异性进行了分析，反思了日本在战后没有像德国一样进行彻底反省的原因。

自2004年我从波恩回到北京之后，由于工作的关系，同德国和日本的同仁有了较多的交往，每年也都会到这两个国家进行交流。说实在的，多年来我一直想弄明白日本的战后反思不如德国深刻的原因。期间我也读过很多相关的文章，但几乎没有一篇对这一问题做出过令人满意的解答。直到后来读到了仲正的这部书，觉得他的分析非常有说服力。

一

对于战争的认识一般可以分为三个层面：一是哲学家的层面，他们会从思想和历史的层面对战争问题进行剖析；二是政治家的层面，通常是一种口号式的宣传；三是普通民众的层面，这主要与他们的经历、教育体系以及政治文化背景密切相关。实际上我们所了解到的所谓对战争的认识，常常是各种不同层面思想错位的结果。

上世纪90年代初我在北京的一所高校教德语，课余的时候也在旅行社兼职，担任一些德国旅行团的导游。那时我还没有去过德国，对这个曾经的纳粹国家的了解仅限于一些影视作品。记得有一次我跟一个旅行团的成员聊得很投机。第二天一大早，我跟他们打招呼时，模仿着电影中的镜头，右手行纳粹礼口中开玩笑地说："Heil Hitler。"那几位温文尔雅的德国人，见此情景都露出惊慌失措的神情。之后其中的一位长者语重心长地跟我说，纳粹礼在德国是被严格禁止的。

后来我在德国留学期间，想找一本德文版的《我的奋斗》，但在大学的图书馆中没能借到。几经周折才在波鸿的一位德国朋友那里弄到一本，好像他也是从其他朋友那里辗转借来的。我怀着紧张的心情，用整整一个星期的时间读完了这本充斥着反犹主义和种族主义等极端思想的"大杂烩"。当我将书还给我的那位德国朋友时，他如释重负地跟我说，他一直担心会出什么事。

2015年希特勒身亡七十年后，《我的奋斗》开始进入公共领域。

2016年，慕尼黑-柏林的当代史研究所（Institut für Zeitgeschichte）出版了两卷本的《我的奋斗》校勘本（*Hitler*，*Mein Kampf*. *Eine kritische Edition*，2016）。我买了一本，但已然没有了当年的阅读热情。只是偶尔写作需要引用原文的时候，才会查对一下。

上世纪90年代，我在德国留学期间，曾经多次去往德国北部的奥登堡（Oldenburg），拜访我在波恩的房东海因茨（Heinz）的父亲。老人家向我讲述第二次世界大战期间他在苏联被俘的经过，以及在战俘营的一些经历。在叙述的过程中，他不断地喃喃自语：如果当时元首没有犯错的话，苏联是必败的。在他眼里，苏联士兵除了伏特加和女人之外，完全不具备军人的职业道德。

而我在其他一些德国朋友家中做客时，也经常会在他们的起居室中看到他们已经去世的父亲或其他男性长辈的照片。令我吃惊的是，这些照片上的人常常是穿着军装的纳粹军官和士兵。

在我的印象中，这些纳粹的军人都是嗜血如命的杀人不眨眼的刽子手，怎么可能跟我的朋友或同事联系在一起呢？慢慢地我了解到，这些纳粹的“军官”和“士兵”，也曾是母亲心中可爱的儿子，妻子眼中体贴的丈夫，孩子们想要对他撒娇的父亲……他们也都曾有一个温暖的家，过着平静的生活，直至他们应征入伍，成为了战争的牺牲品。在亲情的链条中，他们当然也是不可或缺的一环。

近年来我从事季羡林的留学研究，了解到他的博士导师瓦尔德施密特（Ersnt Waldschmidt，1897—1985）也曾于1937年5月1日加入过纳粹党，并于1939年1月1日成为反动组织纳粹德国教师联盟（NS-Dozentenbund）的成员。但他依然是一位杰出的印度学家、印度及中亚考古学家。

每一个生命都有其复杂性的一面。

二

上世纪90年代我在国内一所高校任职的时候，认识了一位名叫吉武百合的日本同事，她曾经给中曾根康弘（1918—2019）首相做过翻译。因为她的先生吉武正幸曾经在我的老家徐州生活过，并且会说德语，所以我们的关系走得比较近。有一次我们一起吃饭聊天，吉武先生说他父亲曾经是铁路工程师，在徐州为日本军队服务。他讲到当时徐州的冬天特别冷，黄河故道全都结上了厚厚的冰，孩子们常常会在上面抽陀螺。吉武先生说，他当时根本没有意识到日本的侵略给中国带来了如此深重的灾难。而日本的教科书直到今天都没有这段历史，这不能不令人感到万分遗憾。在书中，仲正昌树提到，即便到了战后六十年的2005年，还有一些东京大学文科专业的学生误认为在二战期间日本是与美国一起对抗德国的。(序言第2页)[1] 这其中最主要的原因在于，在战争结束后不久，东西方冷战局面形成，于是尽管日本和德国不久之前还是敌人，但它们很

1 括号中的页码系本书正文页码，本篇下同。

快被纳入以美国为中心的西方阵营，作为西方国家实现了高速经济增长。（序言第 3 页）这也是为什么当代日本的大学生会误以为日本和美国从来就是一个阵营的缘故。

在日本，“反战和平派”（左）与“保守爱国派”（右）直到今天还在各种媒体上展开大辩论：反战和平派认为“日本至今没有对过去的侵略战争充分反省，而且正在走上危险的道路”，保守爱国派则认为“如果一直自责，那么日本将无法回归真正独立的国家”。（序言第 1 页）

仲正在书中提到，2005 年是第二次世界大战“终战”“战败”六十周年。这一年从年初开始，日韩之间围绕战后补偿的外交谈判、NHK 改编慰安妇节目、首相参拜靖国神社、竹岛争端（韩国称“独岛”）、中国民间抗议日本的游行，以及宪法修正等一系列前哨战持续不断，引起了相应的热议。（序言第 2 页）可惜汉语学界对这些讨论所知并不多，这与我们较少引进日本关于战后反思的著作有很大的关系。

三

中国和韩国是第二次世界大战在东亚的最主要受害国，在日本认罪的问题上，我们经常拿德国与之进行比较，得出的结论是：日本没有像德国一样对自己的过去彻底反省。仲正认为，德国对纳粹时代的战争罪行进行了彻底清算，并实施了各种战后补偿政策，这种积极努力“克服过去”的做法受到国际社会的认同，而日本由于在战争责任上态度暧昧，依然无法获得中国和韩国的信任——这种观点在日本国内时常被提及。（序言第3页）将德国作为“克服过去”的理想模式的主要是那些专门研究德国历史、德国思想、德国文学、德国政治等领域的自由主义左派知识分子。他们在强调对犹太人进行“大屠杀”的非人性后，介绍战后德国为防止再次犯下这样的错误而做出的真诚且系统性的努力，从而突显出日本（政府）在对邻国的“侵略”战争问题上试图回避“道歉”的“不负责任”的态度。（序言第3页）

对于这些左派的德国模式论，右派也会提出“反驳”的观点：其一是日本没有像纳粹那样实施计划性的种族灭绝大屠杀；其二是德国的道歉并非出于纯粹的道德，而是在国际局势中考量自身国家利益后展开的战略性外交。（序言第3—4页）日本著名的尼采专家、“新历史教科书编撰会”运动的核心人物西尾干二（1935—　）既肯定德国文化方面的“古老优良传统”，同时也强调政治方面的现实主义“狡猾性”。除了尼采的著作外，西尾还将叔本华（Arthur Schopenhauer, 1788—1860）的著作翻译成日文，并出版了七十多部作品和三十多部译著。

仲正提到，他本人的专业是德国现代思想史，“在我认识的人当中，左翼自由主义人士相对居多，而且我本人也朴素地相信‘对过去的反省’是非常重要的，因此与西尾的‘反驳’泾渭分明。然而，左翼自由主义的德国模式论中有些观点过于理想主义，让我感到难以接受”，因为“没有一个‘国家’会在开展外交时只考虑反省和博爱精神，而不考虑‘国家利益’”。（序言第4—5页）

仲正认为自由主义左派的僵化态度略显狭隘，也不认为右派人士坚称的“德国不能成为日本战后责任论的模范”有什么道理，他提出了一种分别对待的方式：作为日本“清算过去”的参考，学习德国一直以来的做法是具有一定意义的。然而，这并不是因为德国比日本具有更高的道德性，更真诚地反省了过去的错误，而是因为日本和德国在被追究战后责任的内涵上有所不同，战后所处的情境也有很大差异。（序言第6页）

仲正认为，德国之所以“真诚地”反省过去的错误，是出于一种被迫无奈：德国处于欧洲东西冷战的前线，经历了长达四十年的分裂，在与其他西方国家改善关系时几乎没有太多的选择余地。不同于德国，日本之所以敢“我行我素”，仲正也做了分析：尽管日本也参与了东亚冷战，但与中国、韩国、越南不同，日本没有经历国家分裂或直接军事对峙。美国在东亚未建立类似北约的集体安全机制，而是通过单独的安全保障条约与各国合作，因此无需明确日本在“同盟”中的定位，也无需创建日本与周边国家和解的框架。（序言第6页）

那么，德国就没有值得日本学习的地方了吗？仲正认为，如果德国在特定环境下，能够在维护自身国家利益的同时，在“清算过去”方面获得比日本更高的评价，那么这种选择模式从结果上来看是合理的。即使这些选择可能只是在紧急情况下的权宜之计，但只要取得了一定成果，那么研究每个关键时刻背后的“德国式思维”便具有重要意义。（序言第7页）这其实是作为德国现代思想史研究者的仲正从学生时代就开始思考的问题：以“清算过去”为中心，尝试比较德国和日本在过去六十年间的“战后思想”。（序言第 7 页）此外，他也特别希望通过与德国进行对比，尽可能具体地阐释日本一直对“自身过去”的态度暧昧不清的原因。（序言第 8 页）

四

1945 年由联合国为德国的军事审判制定的《国际军事法庭宪章》中的第六条，以及为日本的审判制定的《远东国际军事法庭宪章》中的第五条，规定了三种应受审判的罪行：“破坏和平罪（crimes against peace）”、“战争罪（war crimes）”和“违反人道罪（crimes against humanity）”。（第 5 页）但日本的战犯们并没有根据具体罪名被判定有罪或无罪，而是被“综合地”追究责任。在判决书中也并没有使用“违反人道罪”这个词。因此，日本是否犯下了“违反人道罪”，对外没有明确的结论。（第 9 页）

“违反人道罪”最初是针对计划性灭绝特定群体的行为设定的，如纳粹的“最终解决方案”。因此，日本对韩国和中国台湾地区的殖民统治以及同化政策并不适用于该罪名。虽然强征劳工和慰安妇问题可能涉及“奴隶化”罪名，但在战后并未被联合国提起。731 部队的人体实验属于“违反人道罪”的范畴，但未被联合国审判或日本司法追究。

与德国明确追究“违反人道罪”并进行国家赔偿的措施相比，

日本对类似罪行的责任追究和赔偿未得到实施。日本政府在相关审判中常以明治宪法的“国家无答责原则”为依据，认为国家行为合法，无法追责，法院也认可这一观点。然而，“违反人道罪”在国际法中具有强制性，不应受到国家主权和“禁止事后法”原则的限制。仲正认为，日本法律界对这一罪名的接受度较低，这导致保守派知识分子认为日本与德国在战争罪行的追究上有本质不同。这种看法虽然片面，但德国因惩处了“违反人道罪”而改善了与西方国家的关系，表明这种外部“强加”也带来了积极的后果。

战后德国和日本在战争责任上的不同看法，在仲正看来都可以通过一个比喻来清楚地说明（尽管这个比喻不论是从左翼还是右翼的角度都会受到批判）：德国就像是一个因犯下极其严重的罪行而被彻底追究的原大恶人，最终对善恶有了更深刻理解；而日本则像是一个罪行相对不那么明显的原中等恶人，只受到部分追责，因此在善恶标准上形成了不彻底的认知。（第 11 页）

五

仲正认为，德国和日本在探讨普通国民对战争责任的态度上存在显著差异，这一讨论对于两国的政治文化形成具有重要影响。在德国，作为讨论国民战争责任先驱的实存哲学家雅斯贝尔斯[1]（Karl

1 正文中译为“雅斯贝斯”，本处依中文版序作者译法。

Jaspers，1883—1969）奠定了之后的基本框架。由于雅斯贝尔斯的妻子是犹太人，他在1937年被剥夺了海德堡大学哲学教授的职位，并被禁止发表任何言论和出版任何著作。他在战争结束后不久的1946年初在海德堡大学开设了题为《关于罪责问题》（*Schuldfrage*）的讲座课，展示了他对这一问题的基本思考。（第12页）

雅斯贝尔斯在讨论德国二战后的责任问题时，强调了对"罪责"进行细致区分的重要性。他对纽伦堡国际军事法庭审判纳粹领导者的刑事罪责表示肯定，认为这是正义的体现，但对占领当局强加给德国全体国民的集体罪责感到不安。他认为，这种强迫性的方法可能会阻碍个人对自己罪行的反思。

雅斯贝尔斯反对"集体罪责（Kollektivschuld）"的概念，认为应当避免将所有罪行统一归咎于整个国民，因为这会模糊每个个体所承担的具体责任。他主张每个个体应主动思考自己的罪行，并提出了四种罪责的概念：刑事罪责、政治罪责、道德罪责和形而上的罪责。

根据雅斯贝尔斯对个人可能承担罪责内容的明确化，惩罚战争罪犯、向受害者提供赔偿与进行道德和宗教上的反省是不同的，不能混为一谈。在关于日本战争责任的争论中，左派认为必须先进行反省才能改善与邻国的关系，而右派则认为反省会导致巨大的经济负担。仲正认为，反省是个人内心的事情，不能通过政治手段强制实现，因此双方的争论建立在错误的前提之上。即便通过强制手段实现了所谓的"反省"，也是没有意义的。仲正写道："这种无谓的

混乱之所以仍在继续，可能是因为战后日本缺乏像雅斯贝尔斯一样能够为辩论提供清晰思路的思想家。”（第15页）

仲正同时提到了1985年5月20日，时任德意志联邦共和国总统的冯·魏茨泽克（Richard Karl Freiherr von Weizsäcker，1920—2015）在德国战败四十周年纪念日发表的题为《荒野四十年》的著名演讲——“荒野四十年”在《圣经·旧约全书》中，指摩西和以色列民族因未能忠实遵守上帝的戒律，不得不在进入迦南之地前在荒野游荡四十年。他希望自己的同胞坦诚面对德国在纳粹时期的罪行，特别是对犹太人的大屠杀，强调了德国作为加害者的责任。他呼吁德国人要以尊严和责任感面对过去，并从中吸取教训，避免重蹈覆辙。他虽然承认历史责任，但像雅斯贝尔斯一样主张个人的责任和罪行应该得到区分。最终他强调与邻国和解的重要性，呼吁在欧洲建立和平、民主和人权的基础上共同生活。仲正认为，雅斯贝尔斯和魏茨泽克在将法律和政治罪责的解决与个人内省分开处理时，展现了一种既基于基督教神学背景又非常务实的策略。尽管有深谙德国情况的日本左派人士认为，这种务实背后可能隐藏着德国式的“狡猾”，但仲正认为这种“狡猾”正是日本人应当学习的。（第17页）

六

仲正特别对战后日本的“一亿总忏悔”这一概念进行了分析。他指出，日本在战后缺乏类似雅斯贝尔斯的思想家，没有将战争责任问题区分为不同层面进行详细讨论。例如，国家领导人、普通士兵以及一般国民各自应承担多少责任等问题，都没有得到充分探讨。相反，日本的战争责任讨论被简化为一种二元对立的图式：要么是全体国民有罪，要么只有甲级战犯有罪。这种思维模式导致了个人责任被模糊化，正如雅斯贝尔斯曾经在德国所担忧的那样。

“一亿总忏悔”这一说法的源头来自1945年日本皇室成员东久迩稔彦（1887—1990）在记者会上发表的讲话，他强调战败是因为全体国民的“道义颓废”所致，而这种“总忏悔”更多是反思为何战败，并未涉及对他国的侵略罪行。这种内向、封闭的责任讨论只集中在国民内部，忽视了对亚洲受害者的反思。

仲正认为，日本的“战争责任”讨论从一开始就局限在“民族国家”的框架内，未能清晰区分加害者与受害者的角色。政府为了维护天皇制，回避了对天皇战争责任的讨论，最终导致责任问题模糊化。战后初期的“一亿总忏悔”论被批评为掩盖当权者责任的策略，强化了将“普通国民”等同于“受害者”的观念，而未能深入探讨一般国民作为加害者的角色。

此外，被誉为第二次世界大战后日本影响力最大的政治学者的丸山真男（1914—1996）虽然在其著作中探讨了超国家主义与国民心理之间的关系，但也没有深入讨论普通国民的战争责任。而当代左派历史社会学者小熊英二（1962—　）指出，“一亿总忏悔”论限制了日本进步派知识分子对战争责任的讨论。为了避免与“一亿总忏悔”混同，讨论的重点转向了指挥战争的政治当权者，而一般国民与超国家主义的共犯关系则被忽视。这种讨论的缺乏使得进步知识分子在追究战争责任时，往往局限于批判政治当权者，而未能对一般国民的共犯关系进行充分反思。其结果是，战后日本的战争责任讨论仍然限定在内部，忽视了对外部受害者的责任反思。这种内向的讨论模式与日本的民族主义倾向交织，最终形成了一种新的共犯关系，阻碍了全面、深刻的战争责任讨论。

德国的情况却是：从支持公开宣扬反犹主义的希特勒上台，到开启纳粹大屠杀的过程，全体“国民”都应承担政治责任。为反犹主义的纳粹国家而战是一场悲剧，也绝不是值得骄傲的事情。如果强行将其视为荣誉，无疑是在间接地认可纳粹思想，而这个纳粹国家早已灭亡。

在仲正看来，日本战后之所以对战争反思得不彻底，最主要的原因在于作为国家核心的“天皇制”仍然存在，并且反对天皇制的声音不多，从而导致了一个独特的“战争责任”论。虽然政府和军阀发动战争的责任问题被忽视，但“为天皇而死是高贵行为”的武士道伦理仍然存在。极具讽刺意味的是，盟军最高司令部（GHQ）为了顺利统治日本，将天皇从战犯名单中去除，间接支持了这种伦理观。这导致了一个特有的战争责任论，即政府和军方首脑是加害者，而天皇和一般国民则是战争的受害者。（第 23 页）

七

日本与其东亚邻国之间没有直接接壤，由于特殊的原因这些国家的反日情绪未能通过市民运动广泛传播。在这种背景下，日本国内强调一般国民的受害者属性时，几乎没有受到“外部”的反对。然而，进入上世纪80年代后，随着历史教科书问题的发酵，韩国和中国等国家对日本未能承认加害责任的批评声日益强烈。这种外部压力促使日本的反战和平运动逐渐从关注本国国民的受害转向反思对周边国家的侵害。尽管如此，如何在战争责任的语境中定位“一般日本国民”仍未达成共识。尽管左派逐渐加强了对慰安妇和强制征用劳工等历史问题的关注，但对国民政治责任的明确定位，仍未像德国那样得到系统性的讨论和承认。（第31页）对于日本来说，由于在战争加害者和受害者的身份认知上从一开始就模糊不清，因此即便国际环境发生变化，其历史观也没有明显的改变。

在德国，关于普通国民在纳粹大屠杀中的责任问题曾多次引发讨论，其中最著名的是1996年由美国政治学者丹尼尔·戈德哈根（Daniel Goldhagen，1959— ）提出的“戈德哈根之争（Goldhagen-Debatte）”。戈德哈根在其著作《希特勒的志愿行刑者：普通德国人与纳粹大屠杀》中提出，大屠杀的“真正原因”并非仅限于希特勒及其亲信的思想，而是深植于普通德国人中的反犹主义，这种情绪从19世纪起就已渗透到德国文化中，并在第一次世界大战失败后迅速蔓延。

在日本，虽然偶尔有关于一般国民“自愿参与体制”问题的讨论，但与戈德哈根之争中“反犹主义与‘最终解决方案’的关系”相比，缺乏同样级别的焦点，因此未形成系统性的广泛争论。日本在中国台湾地区和韩国的殖民化，以及九一八事变、侵华战争等历史事件中，一般国民的参与方式和程度各不相同，使得对国民加害行为的历史性研究变得复杂。尽管近年来围绕日俄战争期间的狂热、关东大地震对朝鲜人的虐杀等问题的研究日益活跃，但仍未形成揭示国民在东亚侵略中的自愿参与程度的整体讨论框架。这种缺失部分源于日本历史进程的复杂性，但要解决与东亚国家之间的战后问题，深入讨论是必要的。仲正指出："如果只是不断重复'明治维新后，日本在面对西欧列强的威胁时，自身也被帝国主义的民族主义亡灵附身'这样程式化的抽象论述，恐怕是没有什么意义的。"（第 32 页）

八

日本和德国作为第二次世界大战的"战败国"，都背负了负面身份，但两国的实际情况有很大不同。德国的第三帝国彻底解体，形成了全新的德意志联邦共和国，而日本虽然天皇的政治作用有所缩小，但天皇制仍然得以维持，新宪法明确了天皇是国家的象征。因此，日本在战后并没有像德国那样经历国家形态的全面重构，而是在天皇制下进行体制转变，德国的新国家形态与大日本帝国的延续性引人深思。

日本宪法学者宫泽俊义（1899—1976）为了解释战后日本宪法的合法性，提出了"八月革命说"，认为日本在 1945 年接受《波茨坦公告》时发生了“革命”，主权由天皇转移给了国民。然而，这一理论的现实性和逻辑性受到质疑，因为日本并未经历类似法国大革命的推翻君主制的革命过程，国民也未有实质性的主权转变的感受。

同时，战后关于“国体”本质的讨论也在进行。公共法学家佐佐木惣一（1878—1965）认为：新宪法的颁布导致了政治形态上的“国体”变更，但他强调文化层面的“国体”并未受到根本性影响。相对地，哲学家和辻哲郎（1889—1960）则主张，政治上的“国体”只是明治维新后形成的短暂历史现象，而日本文化传统的“国体”并未动摇。

这种文化论“国体”观回应了战后日本的模糊状态，尽管法律上天皇作为国家元首的“国家”已不存在，但天皇仍是文化共同体的象征。

仲正认为，战败使日本失去了作为殖民地的中国台湾地区和朝鲜半岛，冲绳也被置于美军的直接统治之下。在战后残存的日本领土上，重新出现了一个接近“民族国家”[1] 状态的局面。尽管考虑到北海道的原住民阿伊努人，这种“民族国家”并非百分之百纯粹，但以日语为母语、共享文化和“国体”观念的人们得以重新凝聚在一起，几乎不与其他民族交往，形成了一个新的“国家”。在这种情况下，国民的身份认同反而得到了加强。而这个凝聚了较高文化纯度的

1　正文中译为“国民国家”。

“国民”的象征角色，恰恰由战前一直担任“国·家”家长的天皇来扮演。（第 36 页）

九

仲正认为，日本在国际社会中被认为“难以理解”有以下三个主要历史原因：首先，由于地理上的岛国特性，日本与外来文化的接触较为有限，再加上江户时代长达两百多年的锁国政策，形成了独特的岛国性格；其次，尽管如此，日本在明治维新后迅速实现了现代化，跻身于欧美列强之列；最后，虽然日本在经济和科技领域进行了西方化，但仍然保持了象征天皇制与神道的融合，以及神道和佛教混合等独特的政治、文化和宗教复合体。（第 43 页）也就是说，日本的独特性在于其迅速现代化的表象下，依旧保持了深层次的传统文化和社会结构，这种矛盾性使得它在国际上被认为“难以理解”。

仲正探讨了日本在现代化进程中民族主义与战争的关系，特别是如何看待这种现代化在引发战争中的作用。他指出，日本是二战前非西方世界中唯一实现西方式现代化并参与帝国主义政策的国家，因此讨论日本在明治维新至太平洋战争期间的国家形态变迁，离不开对“特殊现代化”和民族主义之间关系的探讨。

日本的现代化路径无法简单地按照西方标准进行评价。不同于德国，日本并非西方国家，因此无法用与英法等西方国家的距离来衡量其现代化进程。二战后，东亚其他国家才开始现代化的进程，因此讨论“亚洲独特的正常现代化”也没有太大意义。

在试图为日本战前的现代化与民族主义辩护时，一些人提出，如果日本没有进军大陆，可能会导致包括日本在内的东亚国家如中国和朝鲜成为西方列强的殖民地。虽然这种说法并没有相应的史实予以证明，但在辩论中，关于“什么样的现代化才是好的”的问题并没有得到明确答案。

日本的中国文学专家竹内好（1910—1977）在1948年到1950年初提出了关于中国探索不同于西方的现代化路径中的“主体性”问题的论述。虽然竹内的观点在左翼文学评论界颇受欢迎，但他并未明确指出日本应如何借鉴中国的“主体性”，因此影响有限。他提出的“亚细亚主义”更多地被视为是对西方现代化的“抵抗”态度，而非积极的现代化愿景。但这些观点时常被引用并导致辩论陷入僵局。

在日本左翼知识分子对战前民族主义的批判中，长期以来占主导地位的是马克思主义的阶级斗争史观以及丸山真男和大冢久雄（1907—1996）提出的“近代化”论。根据阶级斗争史观，战前日本的法西斯主义是资本主义向社会主义发展的必然过渡现象，最终会随着无产阶级革命的胜利而消除。因此，马克思主义者倾向于将战前日本的法西斯主义视为历史发展中的暂时现象，并强调无产阶级革命的最终胜利能够消除法西斯主义的危害。

这种唯物史观的理解容易与日本的“战争责任”论相统合，即认为日本大多数民众是战前日本国家体制的牺牲者。然而，丸山和大冢的“近代化”论则不同，他们不认为阶级斗争是历史发展的绝对动力，而是强调“市民”为实现现代化所做的主体性努力。他们认为日本的“市民社会”尚未成熟，这导致了战前超国家主义民族主义的滋生。

在丸山和大冢看来，虽然“市民社会”是西方创造出来的与日本传统经济、社会体制不协调的构建物，但它是日本实现现代化的必要途径。战败在某种程度上成为日本脱离过去，建立真正的“市民社会”的契机。丸山在《日本的民族主义》中指出，日本的现代化进程由于以“富国强兵”为最高目标，自上而下地推行，导致“国民大众生活基础的现代化”明显滞后。他强调通过培养现代公民来实现理性化民族主义的必要性。丸山和大冢的论述逐渐成为“市民派”左翼对战前民族主义批判的主流框架，随着马克思主义左翼的衰落，这种讨论仍然在日本左翼中占据主导地位。

然而，丸山本人也承认，当西欧式的“市民社会”被作为模型引入日本时，往往变得抽象，难以与民众生活基础相关联。这也引发了对无条件肯定西欧式“市民社会”的适当性的质疑。

仲正在书中探讨了德国和日本在“市民社会”理念上的差异。尽管两国都批判了将“市民社会”等同于现代化的观点，但其背景和现实性有所不同。德国作为西欧核心国家之一，有着选择和接近西欧式“市民社会”的可能性。德国的自由主义左派可以通过欧洲一体化等途径，将“市民社会”视为现实的选择。然而，日本由于明治维新后才接触西欧，被视为“特殊”存在，“市民社会”对其来说更像是一个难以实现的理想。虽然两国都讨论了“市民社会”的概念，但德国的讨论更具体且基于政治、经济议题，而日本则将其视为一种抽象的乌托邦。因此，仲正认为，尽管面对的批判是类似的，但二者在实际操作和距离感上存在显著差异。（第 50—52 页）

十

在 20 世纪 90 年代初的日本，随着冷战体系的解体，小泽一郎（1942— ）等保守派政治家提出了“正常国家论”，也被称为“普通国家论”，意在推动日本成为一个在安全保障政策上更具主动性的国家，弱化宪法第九条的限制。然而，这一论调主要停留在口头上，未引发实质性讨论。此外，日本很少就国民身份认同与宪法的关系展开深入讨论，这跟德国也形成了鲜明的对比。

进入 90 年代后，日本思想界开始讨论民族主义、民族国家及单一民族神话等问题，涉及冲绳、阿伊努、在日韩国及朝鲜人等议题。然而，遗憾的是，这些讨论通常未能与宪法框架相关联，也未能引发深刻的哲学性探讨。日本的大多数人默认“日本民族”是一个稳定不变的集合体，未意识到宪法在身份认同中的作用。

社会学家宫台真司（1959— ）批判明治以来的日本民族主义，提出以自由主义精神为基础的“宪法爱国主义”，但具体内涵尚未明晰，仍停留在批判层面。 90 年代以来，日本的思想界虽在民族主义等问题上展开讨论，但多局限于介绍西欧论点或特定历史事件的解释，未能发展成广泛涉及国民身份认同的讨论。

与之形成对比的是，德国在“历史学家之争”和“再统一之争”中，围绕历史与国民身份认同进行了深入的哲学性探讨。日本则主要围绕教科书的叙述方式展开争论，尤其是在1997年“新历史教科书编撰会”成立后，引发了关于爱国教育和历史教科书内容的广泛争议。

作为德国文学研究者的西尾干二等人批评战后日本历史教育是“自虐史观”，提倡建立“自由主义史观”，删除教科书中涉及从军慰安妇和南京大屠杀等内容，试图呈现日本近代史的积极一面。这一运动引发了左派的强烈批评，认为这是对历史的曲解，可能导致战前民族主义的复活。尽管双方的争论激烈，但并未发展成涉及国民身份认同的深刻讨论。

总体而言，日本的历史教科书争议反映了对国民身份认同的表面化关注，缺乏深刻的哲学性探讨。与德国不同，日本在宪法爱国主义与民族国家之争方面并没有形成明确的对立，也未能通过教科书叙述方式的争议推动深层次的历史观对立。这使得日本的讨论更侧重于教育层面的争论，而未能涉及国民身份认同的核心问题。

十一

仲正认为，在“战败后论”中，起初讨论了“历史与国民身份认同”的重要问题，但很快话题偏离了这一焦点，导致讨论变得狭隘。文学评论家加藤典洋（1948—2019）在 1995 年《群像》杂志上发表的《战败后论》中指出，战后日本未能摆脱“人格分裂”状态，即修宪派和护宪派在对美独立性与依赖性上的矛盾，使日本既无法对过去做出明确道歉，也无法在国际关系中展现自主性。加藤认为，现代日本未能摆脱与战前的关系，导致护宪派和修宪派的主张均存在内在矛盾：护宪派虽然主张脱离日美安保体制，但他们所保护的宪法并非由国民自主争取；修宪派虽倡导独立自主的宪法，却依赖日美关系的强化。

加藤建议，左、右双方应首先为日本的战死者哀悼，然后作为“日本国民”向亚洲战死者表示哀悼。此举旨在政治上清算与战前的关系，但具体含义未明，是否为靖国神社亡灵祭祀仍存争议。哲学家高桥哲哉（1956—　）对此进行了批评，认为加藤试图通过美化本国战死者合理化民族主义，即使作为以哀悼为目的的共同体，也不应该试图复兴国家意识，而是应该保持“耻辱的记忆，并继续为此感到羞耻”。此后，两人的讨论转向细节的动机探讨，焦点从“历史与国民身份认同”转移到共同体意识等更学院化的话题上。

2000 年，《世界》杂志发表了高桥哲哉、日本文学研究者小森阳一（1953—　）、法国文学研究者鹈饲哲（1955—　）和石田英敬（1953—　）联名撰写的《21 世纪宣言：脱离“寄生虫民族主义”！》，批判日本自上世纪 90 年代以来的“自上而下的民族主义”和“自下而上的民族主义”，呼吁建立一种既不依附美国也不退回传统民族国家的新国家战略。然而仲正认为，这一战略的具体身份认同尚不清晰，他们未能解答谁将承担大日本帝国的责任，也未明确新的“国家模式”与过去责任之间的关系。

仲正认为，在日本的政治光谱中，修宪派与护宪派各自展现出一种“内外矛盾”的态度——所谓的“扭曲”：修宪派在国内强调独立于美国，而在国际上却依赖美国；护宪派则在国内表现出对美国的依赖性，但在国际上强调独立。这种矛盾使得日本无法清晰地表达其作为一个政治共同体的立场，既无法对历史问题作出明确道歉，也难以在国际事务中展现自主性。（第 72 页）其实仲正所言也不尽然。在日本，早在 20 世纪 60 年代安保斗争期间，知识分子如丸山真男等就曾提出，尽管宪法由美国人制定，却得到了日本国民的欢迎，并非强加给他们的。安保斗争反对美国背离和平宪法的做法，是日本民众史上最大的市民运动，展现了国民在维护宪法九条和平理念中的主体性。这一观点当时获得广泛共识，但随着市民运动的衰退，影响力逐渐减弱并被遗忘。

加藤在 1998 年 8 月至 1999 年 6 月连载于《群像》杂志的《战后的思考》中，讨论了德国历史学家的争论，并再次提及日本战后思想中的“扭曲”现象。然而，这一次，他仅仅指出了战后日本思想各方面的“扭曲”，而未提供具体的解决方案。最终，他提出了一个带有禅宗意味的“结论”，即只有意识到战前与战后之间的“断裂”，才能看清我们与“战争的死者”之间的“联系”。尽管这种联系对我们而言似乎无法赋予明确的意义，但如果要以对“不连接＝断裂”的清晰认识为基础，建立新的身份认同，那么他的观点很可能与宪法爱国主义的论点相似，也和高桥的观点相差无几。然而，如果情况真是如此，他这次为何将重点放在“战争死者”上就难以解释了。相比之下，哈贝马斯和德国自由主义左派更关注对“历史上唯一的纳粹大屠杀的受害者”的记忆，而非对“本国战争死者”的悼念。（第 74 页）

仲正指出，日本在战前和战后之间的“断裂”使得“国民身份认同”的讨论变得模糊不清。尽管大日本帝国的“国体”已解体，但以天皇制为核心的文化国体依然存在，并可能成为民族主义的象征。因此，右派和左派在围绕“国民身份认同”的论述中均表现出模糊和扭曲，未能明确“日本国民”这一共同体的标准。

十二

仲正认为，德国和日本在战后政治思想上存在相似之处：两国都经历了从极权主义向民主转型的过程，批判性社会思想的兴衰，后现代思想影响力逐渐扩大。但二者的关键差异在于：德国地理和历史上处于西方文明的核心，但因纳粹大屠杀而成为冷战前线，其对“现代”思想的对抗有明确的现实问题。而日本，作为一个难以被明确认定为“西方”一员的国家，其对“现代性”的批判显得模糊不清，常将其视为与己无关的他人之事。

德国因其西方背景，容易陷入因现代性的自我束缚，而日本则因这种模糊性看似更加轻松。然而，在认真探讨“西方化”的过程中，涉及日本作为一个展现出“西方化”行为方式的国家究竟是怎样的存在时，以及在这种中间状态下，谁能作为“现代/后现代”知识分子的内容时，便会陷入丸山真男式的困惑。

德国作为西方矛盾的象征，尽管也涉及相似主题，但其辩论往往更具体，对话更清晰。这种背景下，日本的“战争责任”问题再次成为焦点。著名政治评论家田原总一朗（1934— ）曾在朝日电视台的《讨论到天亮》节目中说过：“德国真是狡猾，把所有战争责任都推给了纳粹。”（第150页）仲正认为，这种所谓德国将所有战争责任推给纳粹的观点，虽然可以理解，但却过于简单化。纳粹是一个与国家高度结合的政党，这使得在德国很难明确区分战时公共机构中的行为是“自发”还是“被强迫”的纳粹主义。战后德国反思的核心是种族灭绝计划的“最终解决方案”，这是由纳粹的种族意识形态产生的。因此，德国强调当前的思考和行动与纳粹截然不同，以此形成反省过去的姿态和对战后民主化的主张。

相比之下，日本在明治维新后逐渐走向极权主义体制，战后部分旧制度仍然存在，导致难以明确界定战后发生的变化。除了宪法第九条外，日本战前与战后的差异并不明显。这使得日本的宪法修正争论长久以来集中在第九条上，形成护宪派与修宪派的对立模式。

仲正认为，日本作为一个在没有明确“世界观”的情况下逐渐从极权体制过渡到民主体制的国家，其思想上的模糊性使得这一现象在西方，尤其是具有二元对立思维传统的德国人看来，难以理解。这种

模糊性既为日本带来了好处，也带来了损失。正因为如此，我们需要自觉认识到这一点，并认真梳理这种两面性。（第 151 页）

仲正昌树的《日本与德国：两种战后思想》是我至今读到的有关战后日本与德国思想比较研究中内容最为丰富、讨论最为深入的著作。正是通过这种比较，我们才能更清晰地认识到为何日本在战后没有像德国一样对战争进行彻底反省。感谢北京外国语大学日语学院的暴凤明老师的努力，使我们能够接触到仲正教授的相关观点。我也希望中国学界能够以该书中文版的出版为契机，从思想史的角度参与到对日本战争反思的讨论中。

2024 年 9 月 7 日　白露

于北京外国语大学历史学院/全球史研究院

序言

两种“战后”

每年从5月末到8月15日，各地都会举行以“战争与和平”为主题的各种“例行活动”。在这段时间里，报纸、综合杂志，以及电视等媒体会明显地分为“左”“右”两派，展开“源平合战”。

两派在各种媒体上展开论战：反战和平论一方认为“日本至今没有对过去的侵略战争充分反省，而且正在走上危险的道路”，保守爱国论一方则认为“如果一直自责，那么日本将无法回归真正独立的国家”。在这个时期，就连那些平时冷静地说“左右二元对立的时代已经随着冷战的结束而过去了，为什么还要进行过时的意识形态斗争呢？”等话的评论家和思想家也会奔赴各自的旗帜下，全力展开争斗。如果在这个时期不表现出“斗志”，就不会被视为“严肃的知识分子”，所以他们都会努力表演，尽可能表现出战斗的姿态。然后，“节日”一旦结束，他们会突然之间好像什么也没有发生过一样，回到超越“左”“右”二元对立的冷静的角色中。这就好像是在复习国语课上学过的知识——“政”字可以读作“まつりごと”（祭りごと），象征着“政治”与“节日”有着共通之处。

当然，这些活动逐渐形式化，“斗得有声有色的人们”也越来越不再刻意隐藏他们角色扮演的真相，整体上变得像《TV Tackle》[1] 或《讨论到天亮》[2] 那样。

然而，或许是由于今年（2005）刚好是“终战”“战败”六十周年，从年初开始，日韩之间围绕战后补偿的外交谈判问题、NHK改编慰安妇节目问题、首相参拜靖国神社问题、竹岛争端、中国民间抗议日本的游行，以及宪法修正讨论等一系列前哨战持续不断，引起了相应的热议。由于涉及向伊拉克派遣自卫队、朝核危机、美军再编等诸多可以被形容为“战后六十年的分水岭选择”的时事话题，似乎成了一场久违的“炎热夏日的战斗”。

而且，作为这个“夏日战斗”的一环，一些媒体也在构思与往年一样的关于“日本和德国战后历程比较”的六十周年纪念企划。

虽然无需多言，但还是值得强调一下的是，德国和日本曾结为轴心国同盟，与美国、英国、苏联等“同盟国”在第二次世界大战中作战并最终战败。因此，它们无法取得周边国家的信任，并一直处于被追究战争责任的立场。之所以要强调这些，是因为这可能并不是普遍常识——近来甚至有一些东京大学文科专业的学生误认为是日本与美国一起对抗

---

1 又译《（北野武的）TV擒抱》，是日本朝日电视台的长寿直播节目，栏目创立于1991年4月1日。讨论节目以社会科学为话题。来宾多数为政治家和专家。——译注（本书注释如无特殊标识均为译注。）

2 日语原名为“朝まで生テレビ！”，简称“朝生”，是日本朝日电视台的长寿深夜政论节目，1987年4月24日开播，以现场直播方式播出。该节目以深度讨论时事与社会科学议题为主，即便是在深夜时段也能获得3%到5%的收视率，在日本具有广泛的影响力。

德国。

在战争结束后不久，东西方冷战局面形成。尽管日本和德国不久之前还是同盟国的敌人，但它们很快被纳入以美国为中心的西方阵营，作为西方国家实现了高速经济增长。严格来讲，德国最初被纳入西方阵营的只有西德（德意志联邦共和国）。尽管两国因与西方的同盟关系而“再军备化”，但它们都受到了各种限制，无法独立行动，这也是两国的相似之处。然而，值得一提的是，德国对纳粹时代的战争罪行进行了彻底清算，并实施了各种战后补偿政策，积极努力“克服过去”的做法受到国际社会的认同，而日本由于在战争责任上态度暧昧，依然无法获得中国和韩国的信任——这种观点在日本国内时常被提及。

那些一直在讨论中引用德国作例子，将德国作为“克服过去”的理想模式的主要是专门研究德国历史、德国思想、德国文学、德国政治等领域的左翼自由主义知识分子。相比之下，全面否定资本主义的马克思列宁主义者往往不像日本和美国一样特别重视作为“资本主义国家”的西德。左翼自由主义人士会在强调“大屠杀”（即纳粹对犹太人的大规模屠杀）的非人性后，介绍战后德国为防止再次犯下这样的错误而做出的真诚且系统性的努力。通过这样做，他们突显出日本（政府）在对邻国的“侵略”战争问题上试图回避“道歉”的“不负责任”态度。

当然，对于这些左派的德国模式论，右派也会提出“反驳”。右派的“反驳”可以概括为两点：①日本本来就没有实施像纳粹大屠杀那样的计划性的民族屠杀，因此情况存在根本差异；②德国并非出于纯粹的道德心道歉，而只不过是在国际局势中基于自身国家利益的考量开展战略性外交而已。

持有这种观点的代表人物是西尾干二（1935— ），他原本是尼采研究者，同时也是“新历史教科书编撰会”[1] 运动的核心人物。虽然德国历史学家和文学家中也有不少右翼人士，但他们大多会强调两次世界大战前德国的“古老优良传统”至今仍然存在，而不应该只关注“德国不好的一面”，这种老套的论点构不成强有力的“反驳”。相比之下，西尾既肯定德国文化方面的“古老优良传统”，同时也强调政治方面的现实主义“狡猾性”，因此可以说，他的观点更容易与那些批判（日本）左翼的观念性和理想主义本质的保守派主流融合。在某种意义上而言，西尾“反驳”论点的特征在于，他同左翼自由主义一样称赞德国对外政策的“卓越特性”，但他是以现实主义的角度来解释，而不是理想主义。

由于我专攻德国现代思想史，因此在很多地方都遇到过站在左翼和右翼两种立场出发的“战后论”。在我认识的人当中，左翼自由主义人士相对居多，而且我本人也朴素地相信“对过去的反省”是非常重要的，因此与西尾的“反驳”泾渭分明。然而，左翼自由主义的德国模式论中有些观点过于理想主义，让我感到难以接受。

这主要是涉及“国家利益”的问题。左翼人士似乎不愿意承认一个

1 “新历史教科书编撰会”（日语为“新しい歴史教科書をつくる会”，简称“新历史教科书会”），由右翼学者、教育工作者、政治人物发起组建于1997年。该组织主张修改历史教科书，宣扬右翼民族主义历史观，歪曲美化日本殖民侵略历史，否认日本的军国主义战争中的暴行，否认南京大屠杀和慰安妇问题。前日本首相安倍晋三曾是该会领导人，成立者包括西尾干二、藤冈信胜等右翼学者。

非常明显的事实，即战后的德国（西德）是在充分意识到其在西方阵营内的外部评价的同时，试图尽可能地限定自己应承担的赔偿责任范围。没有一个“国家”会在开展外交时只考虑反省和博爱精神，而不考虑“国家利益”。任何专攻政治学的人都应该非常清楚这一点，但在公共场合，人们似乎不太愿意明确提及。

如果说不好的话，就会遭到“你说的不是和西尾干二说的一样了吗”之类的指责。我认为因为西尾讲的并非完全与事实相违，所以和他的观点有些一致也未尝不可，但在左右二元对立的框架下，这种“有利于敌人的行为”似乎是不被允许的——对立的两个阵营实际上在无意中共享着相同前提的现象，被称为二元对立。

尽管我本人感到左翼自由主义的僵化态度颇为狭隘，也对此不满，但并不打算像右翼人士那样坚称“德国不能成为日本战后责任论的模范”。拒绝德国模式的右翼人士的战略是，强调德国在“历史政策”中所体现出的道德并不一定高尚，批评这种试图强行抬高德国的做法为“左翼的虚妄”。然而，依我之见，他们的论点同样在暗中基于几乎与左翼相同的前提。这一前提是：“如果要选择‘反省过去’的模范，那么就应该选择一个道德性极高的国家。”

右翼人士的观点是：“如果没有道德性强的适当模范，就没有必要勉强模仿其他国家。”这与说“真正理想的善人根本不存在，因此不需要模仿任何伪善人”的逻辑相同。尽管右翼的观点表面上看起来是现实主义的，但实际上却是在追求相当理想主义的完美。右翼人士本来想说日本本身就是理想的模范，但鉴于战后日本的历史进程，他们可能没有足够的自信来坚定地表达这一观点。正因如此，他们试图找到一个理想化的国家，并尝试同化日本，他们对明明没有坚实的立足点，却好像站在高处讲话一样充满“观念性”的左翼态度感到愤怒。

我个人认为，作为日本“清算过去”的参考，学习德国一直以来的做法是具有一定意义的。然而，这并不是因为德国的道德性比日本高，或者因为德国比日本更真诚地反省了过去的错误。日本和德国不仅在被追究战后责任的内涵上有所不同，而且战后所处的情境也有很大差异。

对于地处欧洲东西冷战的最前线，分裂了四十年之久的德国，在与西方国家改善关系方面几乎没有太多选择的余地。从西方同盟的领导者美国的角度来看，不能允许德国与法国、荷兰、比利时等西欧邻国，以及美国中东政策核心的犹太国家以色列之间存在冲突的火种。因此，美国为了让德国与这些国家迅速达成“和解”并融入同盟关系，做出了各种努力。德国在走美国安排的既定路线的同时，也试图确保本国的利益。

相比之下，日本虽然也卷入了东亚的冷战，但与中国、韩国、越南等国不同的是，日本并没有出现内部分裂、互相直接开展军事对峙的局面。美国在东亚并没有建立类似于北大西洋公约组织（NATO）的集体安全保障机制，而是与各个国家之间签订了单独的安全保障条约，因此并不需要明确定位日本在“同盟”中的位置，也不需要创建日本与周边国家和解的框架。

这种周边斡旋的有无，对日本和德国各自“面对过去的做法”产生了重大影响。如果无视这一点，一味坚称“德国在真诚地努力”，那么被右翼批评为观念主义也不足为奇。

突出强调环境的不同可能会被解读为在暗示“环境不同，所以没有参考价值”，但事实并非如此。如果在给定的环境中，德国在为自身国家利益做出最佳选择的同时，也在“清算过去”方面获得了比日本更高的评价，那么这个选择模式从结果上来看就是合理的。即使它可能是在紧急情况下采取的权宜之计，但只要取得了一定的成果，学习每个关键时刻决策背后的“德国式思维”便并非没有意义。

如此一来，以“结果”作为尺度评价国家外交政策基本思想妥当性的做法，在谈论美国、英国、法国等其他西欧国家的状况时是理所当然的。然而，在比较日本和德国的“清算过去”时，这种理所当然的逻辑似乎不再适用。对于日本的战后责任问题，恐怕左右两派仍然有相当大的偏见，很难形成真正意义上的现实主义观点。此外，德国作为康德、歌德、瓦格纳、马克思、尼采、希特勒等各种意义上的“极端”人物的祖国，被赋予了“神秘而观念性”的刻板印象，这似乎也阻碍了冷静的比较。

本书考虑到上述问题，以“清算过去”为中心，尝试比较德国和日本在过去六十年间的“战后思想”。由于一本新书文库本的篇幅无法涵盖两个国家战后思想的全部内容，因此会集中对我认为重要的内容进行比较，而且如果试图全面讨论曾是马克思列宁主义国家的东德（德意志民主共和国），会变得相当复杂，因此只能集中在西德（德意志联邦共和国），采取一种偏向西方的视角。尽管受到这些限制，但在有限的篇幅内，作为德国思想史研究者，我仍然希望以能够让尽可能多的读者理解的方式，呈现出我从学生时代开始一直以来的思考和疑问。

尽管德国和日本的战后思想在表面上看起来很相似，但在微妙的层面上却显示出不可忽视的“差异”。然而，我并不打算通过诸如“基督教文化”或“思想的深度”等抽象概念来强行解释这些差异，而是希望在尽可能考虑历史和政治背景的基础上进行剖析。此外，我有一个大胆的野心，即通过与德国进行对比，尽可能具体地阐释日本一直对“自身过去”的态度暧昧不清的原因。

第一章

两种“战争责任”

“国际军事审判”是骗局吗?

战后的德国和日本面临追究“战争责任”的最初契机是联合国进行的国际军事审判。基于纽伦堡和东京的两个国际军事审判，这两个国家的“战争罪行”受到审判，战争罪犯受到“惩罚”，这是在传统国际法和国际政治领域中无法想象的具有“划时代”意义的事件。

毋庸置疑，如果在一个国家的领土内违反了该国制定的“法律”，那么就会受到该国基于“法律”的制裁。反过来说，可以将“国家”视为一种权力体系（即“主权”），用来确保该国国民以及在其领土内活动的人们遵守“法律”。

然而，在国际关系或国家间关系中，不存在一种可以称之为“超国家主权”或“超主权”的绝对权力，在超越国家主权的层面上，强制各个国家遵守国际法（各种条约、协议或国际惯例等）。此外，就国内法而言，如果存在对其解释方式的争议，法院将裁定“正确的解释”方式，但在国际法领域，没有拥有绝对权威的、作为最终上诉级别的法院。联合国可能在某种程度上担当了这种角色，但实际上联合国既没有实际的强制执行力，也没有法律权威。此外，战后初期的“联合国”只不过是“United Nations”的字面意思，即与德国、日本等轴心国作战的“诸国民联合”（即“同盟国”），并没有超越国家主权的权威。

当然，在不存在绝对主权的国际关系中，当发生争端时，特别是国家之间发生战争时，没有最终裁决哪方是“正确”的权威。在战争的胜败实际上已经确定之后，战败方只能通过某种形式的“赔偿（reparation）”来解决纷争。虽然看似是战败方的错，但这并不是通过法律辩论审判的结果，而只是事后对“胜者为王”的正当化。这与国家根据刑法或民法来判断谁的行为违反了法律的“解决”国内纷争的方式根本不同。

像这样，尽管之前并不存在超国家的最终上诉级别的法院，但联合国方面还是设立了“法庭”，试图以类似国内刑事案件的方式，在法律上审判德国和日本与战争有关的行为。联合国方面设立这个国际军事法庭，并不是为了能够以任意的标准对战败者进行审判装门面，而是确认这个法庭是基于（应该存在的）超越国家主权而存在的普遍“法律”。为此，他们在法庭开庭前事先制定了“法庭宪章”，规定了将要审判的犯罪行为和审判程序等。

的确，仔细想想，在几乎可以确定被告“有罪”之后，为了追认其“有罪”而事后制定法庭审判规则的做法似乎是有些奇怪的。现代刑法的原则是不应该基于事件发生后制定的法律来判罚定罪（即“禁止事后法”）。然而，国际军事法庭这个突然登场的存在，显然与这一原则相矛盾，因为在它出现之前并没有绝对的法律标准存在。日本的超保守派人士经常提出“东京审判并不是基于普遍的法律原则，而是由战胜国强行施加的虚构”，这一主张的依据便在于此。我也认为这种批评有一定的道理。无论对方多么残忍，根据事后制定的法律依据来判定其“有罪”恐怕是不太公平。

然而，如果一味坚持认为“基于实力至上、胜者为王的逻辑强行制定的法律是不合理的，不能被接受”，那么现存的几乎所有国家的国家主权和法律体系，虽然程度不同，但基本上都是由强势者为了维护既得利益而创造出来的，因此“国家”的存在本身就成为一种不合理。

事实上，战前的《大日本帝国宪法》也是由明治维新的胜利者们随意制定的，并不是通过全体“国民”的自愿“同意”形成的。就算是美国这样的共和制国家，《独立宣言》发布时是否真正所有“国民”都独立自主地协商同意也是无法确认的。事后被迫“同意”的可能性也是存在的。事实上，认为在宪法（constitution）确立“国家形态（constitution）”之前就存在构成国家的“国民”，这本身就是矛盾的。任何“法律”在最初设立时都不可避免地伴随着“暴力”性的强制，关于这一哲学问题，拙作《法的共同体》（御茶水书房，2002）的一章曾有所讨论，如果想深入了解，请参考该书。总之，如果一味坚持“强者胜利就是骗局”的逻辑，就会导致连本国已有的法律体系都被否定。这对右翼来说应该是得不偿失的。

我基本的看法如下：

由于胜利者事后制定“法律”的做法终归是不公平的，所以应该尽可能避免。但是，实际上，当谁也不曾预料到的大问题出现在“法律”

真空状态下，“错误在哪里”，对此“谁应该负责”等问题不能确定的话，事态将无法得到控制。如果这一点十分明确的话，我认为事后重新构建适用于这种情况的“法律”是不可避免的。在这种情况下，赢家制定有利于自己的规则，在一定程度上也是不得不允许的。尽管“法律”的创立方式本身可能是不公平的，但这与处于完全的无法状态下，强者纯粹通过暴力直接强制推行自己的意志相比，还是要好很多的。通过这种方式，赢家制定的“法律”是真的能带来和平，还是会引发新的争端，是无法立即知晓的。恐怕只能花时间来观察它所产生的效果。

我个人认为，迄今为止，联合国针对日本和德国事后制定的“法律”在两国，以及之后几个国家的“民主化”和“政治稳定”方面发挥了直接或间接的积极作用。当然，原本应该是这一“法律”制定中心的美国却时常做出违背它的行为，并且最近这种情况变得尤为明显，这是另一个问题。

在左翼人士中，有些特别短视的人经常强调，“在伊拉克战争等事件中，美国无视了自己制定的国际法规则，所以那些东西是无效的骗局”，但是按照这个逻辑来想，如果执政党的政治家、高级官员等当权者若无其事地违反了他们自己制定的法律，那这些法律就变得无效，法治就会荡然无存。仅仅因为规则是强者出于自己利益的考量制定的，便全然无视其在现实中带来的“一定的积极效果”，进而企图全面否定那些规则的做法恰恰与超保守派指责东京审判是一种欺骗的思维方式如出一辙。

在日本，鲜明对立的反美左翼和超保守派常常会通过这种（非现实主义的）完美主义的辩论得出“几乎一致的结论”。这正是二元对立的情况。正如稍后所述，德国也常常出现以反美为核心的左右两派达成“共同步调”的现象，但德国的知识分子们更加清楚地认识到他们国家所处的立场，而且在历史上，例如在一战战败之后，他们已经经历了类似模式的深刻讨论，因此我认为他们的讨论不会像日本那样简单。

背负“违反人道罪”的德国

回到国际军事法庭的话题，由联合国为德国的军事审判制定的《国际军事法庭宪章》中的第六条，以及为日本的审判制定的《远东国际军事法庭宪章》中的第五条，规定了三种应受审判的罪行：“破坏和平罪（crimes against peace）”、“战争罪（war crimes）”和“违反人道罪（crimes against humanity）”。

其中，“战争罪”指的是在武装冲突中违反战时国际法或国际人道法的行为，这个概念本身并不是全新的。当然，另一方当事者建立一个法庭来“客观”裁决这些违法行为的做法则是一个新形式。

“破坏和平罪”的概念预设了一个前提——发动侵略性战争并破坏和平本身是一种“恶”。在当时只有战争被视为解决争端最终手段的国际关系常识下，这个想法是创新的。然而，即使在这个概念之前，也有禁止将战争作为解决国际争端手段的多边条约，如一战后的《非战公约》（1928）。因此，除了将发动战争者的个人责任作为“犯罪”进行追究这一点之外，“破坏和平是一种犯罪”的概念并不是全新的。

相对于前两种罪行，“违反人道罪”是一个当时国际法中并不存在的全新概念，甚至可以说是超越了至今为止所有被视为“国际法”的法律框架的新概念。它是将出于政治、种族、宗教等原因，有计划地对特定人群进行灭绝、奴役、驱逐等“非人道行为”视为国际法上的犯罪行为。仅仅就这些而言，从现代人道主义精神的角度来看，这似乎是理所当然的，甚至不需要特别在国际法中规定。然而，关键在于，这种“非人道行为”即使在实施国家当时的国内法律下是合法的，即使其实施对象是该国的国民，这种做法在国际法上依然被视为“犯罪”。

在传统的现代法律观念中，一个主权国家在其领土内根据自己制定的法律无论怎样对待本国公民，都被认为是“合法”的，其他国家无权干涉，因为这在法律上是没有依据的。国际法（international law）是调整国家与国家之间关系的法律，原则上不会影响各个国家的内部事务。故意干涉他国内部事务将被视为干涉内政。然而，通过将罪行的适用范围扩展至“个人”，而不仅限于“国家”，即使在国内法上合法的行为，在国际法上也可能受到审判。

之所以联合国如此重视“违反人道罪”，主要考虑的是纳粹对犹太人的大规模屠杀。在纳粹的受害者中，也包括了居住在德国境内的犹太人。通过选举夺取政权的纳粹利用各种立法措施剥夺德国境内犹太人的多项公民权，将其从社会的核心隔离出来，造成了他们无法在德国国内生存的状况。在这种情况下，第二次世界大战爆发，德国向犹太人大量定居的东欧进军，最终决定采取“灭绝”政策作为解决“犹太人问题”的“最终方案”。

在这一系列的纳粹“非人道行为”中，从德国国内法的角度来看，也有一些部分不得不被认为是“合法的”。而且，执行“最终解决方案”的责任者们，当然并不仅仅是出于个人对犹太人的仇恨，而是“仅仅”是遵循了国家的合法命令。从原则上来看，在追究个人责任之前，应首先追究“国家”本身的责任。然而，德国在战败之时几乎已经解体，发出最终命令的国家元首希特勒，以及在犹太人问题上在政府内发挥主导作用的最高干部希姆莱和戈培尔都已经自杀。因此，区分国家的有组织计划行为与基于个人判断的独立行为变得更加困难。

在这种模糊状态下，为了确认史无前例的“犯罪”即纳粹大屠杀的责任，超越国家主权范畴的，普遍适用的“违反人道罪”概念被提了出来，以此解决问题并确定责任的归属。像纳粹大屠杀这样的非人道行为，是威胁到了“人类（humanity）”存在的严重“犯罪”。因此，无论作为法律制定主体的主权国家在非人道行为被实施时是否将其合法化，人们都可以向对“人类”犯下“罪行”的实际执行者（而非国家）追究责任。

在纽伦堡国际军事法庭上，纳粹德国的最高干部如戈林、邓尼茨、凯特尔等被告被判定犯有“违反人道罪”。不仅如此，为了审判与战争本身并不直接相关的纳粹罪行，以国际军事法庭的形式还进行了十二场审判，也对“违反人道罪”进行了追究，总称为“纽伦堡后续审判”。在医生审判中，在强制收容所内进行人体实验，以及对残障人士实施强制“安乐死”的负责人都被判定有罪。此外，在1948年，为应对“违反人道罪”，联合国大会通过了《防止及惩治灭绝种族罪公约》，禁止出于种族等原因企图抹杀特定群体的行为。对曾进行“民族净化”的南斯拉夫总统米洛舍维奇等人追究责任的依据便是这一公约。

虽然在程序上存在问题，但以色列在 1960 年将逃到阿根廷的奥斯威辛毒气室负责人阿道夫·艾希曼逮捕，1961 年到次年在耶路撒冷对其进行审判，以“违反人道罪”等罪名判处其死刑。汉娜·阿伦特（1906—1975）是一名政治哲学家，因德国犹太人的身份而逃亡美国，战后一直在美国活动。她在旁听艾希曼审判后，撰写了《耶路撒冷的艾希曼：关于邪恶之强制性报告》(1963)，分析了作为“平凡的官僚”，完全按照国家的命令行动，毫无良心谴责的艾希曼的特点，这对后来的极权主义研究产生了重要影响。

虽然严格意义上来讲，“违反人道罪”的概念并未严格传承到 1949 年成立的《德意志联邦共和国刑法》中（关于这一点，详细的解释可以参考：石田勇治《过去的克服：希特勒之后的德国》［『過去の克服：ヒトラー後のドイツ』］，白水社，2002 年，第 48 至 195 页），但是对纳粹罪行的追究仍在继续。1979 年，谋杀罪的追诉时效被废除。此外，对于否认大屠杀存在，试图为纳粹辩护，坚持认为奥斯威辛惨剧是所谓“奥斯威辛谎言”的言行，制定了使其适用于侮辱罪和煽动民众罪的特别规定。为对纳粹大屠杀牺牲者进行国家补偿，1956 年《联邦赔偿法》出台，这部法律也在前言中明确指出其是针对（“违反人道罪”的）“纳粹不法行为”制定的法律。基于种族、政治信仰和世界观等原因对犹太人、反体制活动家等的迫害，即使是当时的国家方针，现在也都属于违法行为。新国家已经明确承认了这一点。

如此看来，在以美国为中心的西方盟国占领下成立的德意志联邦共和国在其成立过程中，承认了其前身第三帝国犯下的“违反人道罪”，并将清算这一“罪行”作为自身的政治和法律课题。当然，有观点认为德国人不是自愿承认“违反人道罪”，而是在占领下不得不承认，但是在这一前提下，既然德国联邦共和国这个国家已经被建立，（在东西冷战局面下）只要是站在拥护和支持这个国家存在立场的人，就很难将“违反人道罪”说成是联合国的虚构，去全面否定它。

德国联邦共和国的第一任总理康拉德·阿登纳（1876—1967）在1950年9月的联邦议会表态演讲中提到了“对纳粹不法行为进行补偿的道德义务”和“涉及德国民族名誉的责任”，从此开始确定了为“纳粹的不法行为”即“违反人道罪”受害者提供补偿的政策。虽然如何确定其具体范围和补偿方式始终存在政治和法律技术方面的问题，但“纳粹的过去”作为负面遗产的清算责任在战后西德历史的各个关键时刻都得到了确认。不论是保守主义政府，还是社会民主主义政府，对于纳粹的过去，是否“本来就应该”道歉的讨论从未真正展开。

因此，与德国在一开始就对“违反人道罪”负有明确国家责任的情况相比，日本从最初开始便对作为国家是否承认“违反人道罪”较为暧昧。正如前面提到的，远东国际军事法庭的章程中也规定了那三项罪名，但日本的战犯们并没有根据具体罪名被判定有罪或无罪，而是被“综合地”追究责任。在判决书中也并没有使用“违反人道罪”这个词。因此，战前的日本是否犯下了“违反人道罪”，对外没有明确的结论。

“违反人道罪”最初是针对计划性灭绝特定集团的行为设定的罪

名，指向纳粹的“最终解决方案”这类行径。因此，针对日本对朝鲜半岛和中国台湾地区的殖民统治以及帝国臣民同化政策等，该罪名并不适用。近年来在日本媒体中频繁提到的强征劳工和慰安妇等问题，可能在某种程度上适用于“奴隶化”的罪名，但在战争结束时，这些问题并未被联合国提出。731 部队进行的针对俘虏的人体实验明显属于纽伦堡医生审判中裁定的同类罪行，可以相当于“违反人道罪”。然而，联合国并未将其列入军事法庭审判的范畴，日本国内司法系统也未追究其责任。例如，因艾滋病医药问题事件出名的制药企业绿十字公司的创始人内藤良一就是前军医中佐，也曾是 731 部队的高级官员。

因此，在刑法和国家赔偿方面，与德国采取了特别例外措施、对“违反人道罪”持有明确立场的情况相比，日本尽管在后来被指出可能存在与“违反人道罪”相当的案例，但对执行者的责任追究和国家赔偿未被实施，这种状态持续至今。在有关从军慰安妇和强制征用劳工的审判中，日本政府的主张往往依据明治宪法的“国家无答责原则”——国家的行为都是合法的，因此在任何情况下都不会被追究责任。法院也认可这一观点。然而，如果涉及“违反人道罪”，这种论点本应是不适用的。虽然是否接受原告的个别诉讼是另一回事，但至少如果他们的诉讼内容涉及“违反人道罪”，那么就具有了超越国家主权限制和“禁止事后法”原则的国际法强制性（jus cogens），因此简单地提出“国家无答责”的论点是行不通的。但是，考虑到这种逻辑在司法领域中的适用，可以认为在日本的法律界，实际上并未普遍接受“违反人道罪”的观念。

如此一来，我认为“违反人道罪”这一概念未被接受，可能是导致保守派知识分子们认为犯有大屠杀罪行的德国与只被追究一般性战争罪行的日本不同的第一原因。然而，保守派的这种看法是相当片面的。确实，可以这样否定地评价：因为纳粹德国的罪行过于恶劣，所以被联合国从外部强加了“违反人道罪”。但与此同时，也可以这样来看：这一“强加”的结果却产生了让德国（有众多犹太人居住）与其他西方国家改善关系的积极契机。

战后德国与日本在战争责任上的不同看法，可以用一个简单易懂的比喻来说明（当然这个比喻不论是从左翼还是右翼的角度都会受到批判）：一个是因为犯下极其恶劣的大罪而受到周围彻底追究，从而更好地理解善与恶的原大恶人 A；另一个是与 A 相比犯下的罪行不那么明显，因此受到周围部分追责，最终只具备了不彻底的善恶标准的原中等恶人 B。

国家的责任与个人的责任

无论在德国，还是日本，国际军事法庭上直接受到审判的是作为“战犯”的“个人”，但间接而言，也可以说追问的是对引发战争的全体“国民”的责任。对于由极权主义“国家”挑起的战争，首先要考虑的是，每个“国民”是否在某种意义上要承担责任，如果是的话，应该如何看待这种责任，这将是决定国家政治文化的重要因素之一。关于普通国民的战争责任的讨论在德国和日本之间呈现出相当大的差异。

在德国，作为讨论国民战争责任的先驱，对至今为止的讨论产生影响，并奠定基本框架的是存在主义哲学家和精神医学家卡尔·雅斯贝斯（1883—1969）。由于妻子是犹太人，他在1937年被剥夺了海德堡大学哲学教授的职位，到战争结束前一直被强制禁言。他从1945年秋天开始准备，并于1946年初在他原来的工作地点海德堡大学举办了题为《关于罪责问题》[1] 的讲座，展示了他对这一问题的基本思考。

他认为，虽然通过纽伦堡的国际军事法庭对国家最高领导者的罪行进行了审判，实现"正义"也就是"法律"本身是值得肯定的，但对于占领军当局在各处张贴写着"这是你们的罪"等断定性语句的标语牌并试图强迫德国全体国民感受到责任的方式感到不舒服。他似乎认为，这种强加的方式实际上反而会让每个德国人主动思考自己的"罪"时产生负面影响。

因此，他对于一种认为只要属于特定群体就自动有罪的"集体罪责""共同责任（Kollektivschuld）"观念持否定态度。虽然这种态度可能被很多人误解为罪行仅仅存在于纳粹的高级干部身上，与一般国民无关，但他并不是在说一般国民"无罪"。如果将"国民"这个抽象的集合体统一判定为有罪，那么构成国民的每个个体以不同的形式、不同的比重所承担的具体罪行内容反而将变得模糊不清。雅斯贝斯讨论的大前提是每个个体都应该主动思考自己的罪责。

雅斯贝斯为了将个人可能承担的"罪责"内容明确化，区分了四种罪责的概念：①刑事罪责、②政治罪责、③道德罪责、④灵魂（形而上

---

1 该讲座内容相关提法部分参考寇亦青译本《罪责论》（上海译文出版社，2023）。

的）罪责。

① 刑事罪责：如同字面上的意思，指的是违法行为所构成的“罪”。当然，这是极其个人性质的，其存在与否将通过法庭审理来裁定。纽伦堡国际军事法庭审判的主要就是这种含义的罪责。

② 政治罪责：这个概念指向个人所属的政治共同体犯下错误时，由于直接或间接支持这些错误政策所带来的罪责。对于纳粹国家做出的不法行为，每个国民都因为支持这个国家而承担一部分责任。事实上，德国在战败后被占领，之前作为纳粹国家一员所享有的公民权利在各方面都受到了限制。但是，雅斯贝斯认为对于这种政治罪责，每个人都应该接受。

③ 道德罪责：指那些在公共法律或政治领域中不会受到他人追究，但在个人内心中引起良心责备的行为所对应的罪责。例如，非自愿地在他人面前示意效忠希特勒，强迫自己将纳粹主义视为德国民族的理想，将服从上级命令视为一种美德等。这种罪不会在法庭上受到审判，而是每个人都应当成为自己的审判官，对自己进行审问。

④ 灵魂（形而上的）罪责：这是一种相当抽象的表达，与③有些难以区分。根据雅斯贝斯的解释，③强调的是，个人本可以采取不同的行动，从而对现实产生积极变化，却故意选择不这样做，也就是主体性行动的缺失。而在④中，问题是人与人之间的“连带感”。也就是说，即使一个人知道犹太人正在遭受集体迫害，但在大多数情况下，即使他为了拯救别人而不惜牺牲自己的生命，却也几乎不可能改变事态的发展。

在国家权力面前，个人确实显得无能为力。但是，即使明白自己无法做任何事情，但当目睹无辜者被杀害时，面对自己幸存而他人面临死亡的命运时，作为“同样的人类”，作为同胞，人有时也会对自己的无能为力感到内疚。这便是灵魂（形而上的）罪责。道德罪责，就与个人具体行为相关性而言，具有身体（physisch）性质，而灵魂（形而上的、metaphysisch）罪责，则是与个人采取了什么行动、能够采取什么行动无关，从这个意义而言，可以说超越了（meta-）身体的限制。用日本的话说，就是“什么都做不了，但同样作为人，我感到很抱歉”。

无论如何，如果我们在哲学上深入探讨这种意义上的“灵魂（形而上的）罪责”，最终会得出结论：“作为同样的人类，在这个世界上生活的同时，无法为在某个我们不知道的地方正在受苦的人们做些什么，这是一种罪。”这最终会与基督教的“原罪”观念联系在一起。就有基督教背景的雅斯贝斯的立场而言，他是期待人们对于“罪”的问题能深入考虑到这种程度。

然而，对于德国人试图将自己的罪行相对化，故意使用“对于大屠杀这样的人类悲剧，全人类都有一部分罪责”这样的说法，雅斯贝斯也提出了警告。道德罪责和灵魂（形而上的）罪责应该是一个人对自己提出的问题，而不应该用来与他人进行比较。

雅斯贝斯的论述通过将法律和政治领域中可以正式清算的①②类罪行与个人需要不断追问的③④类罪行区分开来，为提供具体的“解决方案”和个人在自己的良心中不断追问之间找到了平衡。

换句话说，惩罚战争罪犯，向受害者提供赔偿，与对自己背负的罪行进行道德和宗教上的内省是不同的事情。理解这一点非常重要。在围绕日本的战争责任问题的争论中，经常会出现这样的对峙：左翼主张“日本人首先必须理解对过去的反省，否则无法改善与邻国的政治关系”，而右翼则回应称“愚蠢的左翼不明白，如果轻易反省，即使国家有再多经费预算也不够用”。在我看来，“反省”是个人“内心”的问题，除非将人关进牢房进行洗脑，否则不能通过政治手段强制让人“反省”，所以说左右两派都在错误的前提下争执不休。当然，通过洗脑的方式，即使实现了“反省”，也是没有意义的。我认为，这种无谓的混乱之所以仍在继续，可能是因为战后日本缺乏像雅斯贝斯一样能够为辩论提供清晰思路的思想家。

稍后会再次提到，虽然可以肯定的是，纳粹国家对犹太人进行的有组织的迫害在很大程度上依赖于德国大多数国民的支持，但“种族灭绝”式的“最终解决方案”本身，实际上是在战争后半期由希特勒和极少数亲信秘密决定的。一般国民并不知道要进行到这一步。参与犹太人运送和拘禁等“最终计划”的军人、警察、铁路工人等也许“大致上”知道一些情况，但在多大程度上了解全部真相，即使在当事人的意识中也不清楚。从只是装作没看到的一般市民，到积极支持的人、稍微参与的人、实际执行杀害命令的士兵、从中央传达命令的指挥官，直至最高领袖，都有不同层面的参与方式。因此，如果将所有这些参与方式都一概而论地视为法律或政治上的罪行，反而可能会导致事实的真实性减弱。对那些未能把握纳粹大屠杀全貌的人，把甚至连他们自己都不知道的由最高领袖决策所引发的罪行强加在他们身上，也是不恰当的。同时，为了确切反省自己不同方式的参与，甚至包括“不作为”，有必要将罪责的概念进行区分。

雅斯贝斯的这四种罪责分类，在德国“克服过去”的辩论中，不断地被持不同立场的人参考，一方是主张进一步追究战争责任的一派（主要是左派），另一方则是主张赎罪已经足够的一派（主要是右派）。不论支持哪一方，将内在责任与政治法律责任区分开来，都有助于明确论点。

1985 年 5 月 20 日，德国联邦共和国时任总统里夏德·冯·魏茨泽克（1920—2015）在战败四十周年纪念日发表了一场著名的演讲，题为《荒野四十年》——“荒野四十年”在《圣经·旧约全书》中，指摩西和以色列民族因未能忠实遵守上帝的戒律，不得不在进入迦南之地前在荒野游荡四十年。魏茨泽克引用这个故事作类比。

在演讲中，他根据雅斯贝斯的观点否定了集体罪责，表明立场，认为是否有罪仍然是应该针对个体来追责的问题。此外，他表示不能强迫那些当时还未出生的人对先人犯下的罪行进行忏悔，但这些人也与先人的遗产、“来自过去的后果”有关，因此他们也必须对这些后果承担“政治责任”。在这个意义上，这种责任部分对应了雅斯贝斯的“政治罪责”。四十年过去了，德国人依然无法获得邻国的信任，无法开展积极的外交政策，陷入东西分裂的状态，正是纳粹过去的行为导致了今天这些后果。在享受德意志联邦共和国的经济繁荣、福利、教育、安全和自由等好处的同时，也应该接受负面遗产。在我看来，这和继承父母遗产时，不得不一并继承负面遗产（债务）的情况是同样的道理。

雅斯贝斯、魏茨泽克的这种将解决法律和政治罪责与个人内省分开考虑的策略，一方面基于基督教神学作为思想背景，另一方面也非常务实。在十分了解德国的日本左翼人士中，有人曾指出这种务实背后隐藏着德国式的“狡猾”，但我认为我们更应该学习这种“狡猾”。

一亿总忏悔

这是一个重复的问题，在战后缺乏“雅斯贝斯”的日本，对战争责任的讨论没有在不同层面进行区分。例如，到底皇室、甲级战犯等国家领导人应承担多少责任，那些在某种程度上协助战争罪行的普通士兵应承担多少责任，那些没有直接卷入“犯罪”却默默接受政府和军方方针的普通国民应承担什么责任等，这些详细的讨论几乎都没有展开。这往往会导致一个非常简单的二元对立图式，即是国民全体有罪，还是只有甲级战犯有罪。如果是任意强调“全民有罪”的集体罪责论，就会像雅斯贝斯担心的那样，个人的责任会被掩埋在整体中，从而变得模糊不清。引发这种趋势的源头，正是表现出“日本式反省”敷衍态度的关键词，即脍炙人口的“一亿总忏悔”。

这个词的出处是曾被任命为战后首位首相的皇室成员东久迩稔彦（1887—1990）在 1945 年 8 月的一次记者招待会上所说的“一亿总忏悔是我国重建的第一步”这句话。

东久迩的发言并非出自对旧殖民地或亚洲国家人民造成伤害的“罪的忏悔”的文脉，而是出自反思为什么“战败”的文脉。这种观点将焦点集中在战时“黑市经济”中所见的国民“道义颓废”导致战意下降，因此战败后国民遭受苦难也在所难免。虽然表面上使用了似乎与宗教有关的术语“忏悔”，但这实际上是从“战败责任论”的角度而言的“总忏悔”，完全没有忏悔对他者犯下罪行的意思。甚至连关于战争本身是否正确的讨论都没有涉及。不仅仅是东久迩，战后初期的“责任”论几乎都集中在解释导致“战败这一令人叹息的结局”的原因，并非像德国那样讨论涉及超越了国家利益或战争胜负范畴的“违反人道罪”等议题。

当然，一亿总忏悔等言论中提及的“战败”，不可避免地包括了“因为战败而不得不面临悲惨生活的国民现状”。因为在纳粹德国发动的战争中牺牲的一部分犹太人原本是德国籍，所以从“国民接受战争结果的伤害”这一角度而言，难以断定日本和德国的“责任”论是完全不同的。但是，两国之间有一个显著的差异：在德国，讨论主要关注对纳粹大屠杀中的犹太人等一般国民以外的，“外部”受害者的责任，其原因或许在于来自周边国家的压力；而在日本，讨论主要集中在对国民“内部”受害者的责任上。

此外，从“内部”视角来看，曾经的殖民地，如朝鲜半岛、中国台湾地区，以及被美国占领统治的琉球，在某种程度上都被悄无声息地排除在外。因此，日本的“战争责任”论从一开始就带有封闭性，限定在“国民国家（nation-state）”[1] 的框架内，是在同伴之间追究责任。

1 中文一般译为“民族国家”，但这一译法容易引发“单一种族的‘民族（ethnic group）’组成一个国家”的误解，历史上因为这一定义的误解或者刻意误用，发生过像纳粹进行所谓“民族净化”而造成的悲剧，实际上其原意是“一个国家的全体公民（不分民族血统）作为一个政治共同体，国家主权也归属于全体国民”，因此“国民国家”这一译法更为准确。——编者在以德国为主的欧洲近代史中，经常出现“国民国家”的概念，指的是作为法律和政治制度的“国家（state）”的构成者——人民（people），与作为享有共同的语言、历史和文化的共同体的“国民（nation）”基本一致的状态。自拿破仑战争以来，德国多次尝试实现这种国家状态，但均以失败告终，有人甚至将其说成是两次世界大战的间接原因。战后的日本可能是世界上国民国家程度最高的国家，但就德国而言，考虑到存在着奥地利这样的德语民族的国家，瑞士的德语区，以及法国的阿尔萨斯-洛林地区等，那么，德国能否称之为国民国家，尚存疑问。

在这种意义上，日本国内原本围绕战败的讨论平台就狭小且内向，而主导讨论的首相又首先提出了“一亿总忏悔”，在追究谁（加害者）对谁（受害者）犯下罪行问题上的责任论就变得非常模糊。

如果将国家元首，即以天皇为中心的国家领导层置于发动战争的主要责任位置上，而将末端的一般国民视为错误战争的牺牲品的话，加害/受害关系应该是相对清晰的。然而，由于当时的政府将维护天皇制视为至高命题，无法轻易承认天皇是加害者、发动战争的责任者。故意不触及国家最终决策者天皇的战争责任，围绕战败责任讨论的框架本身变得模糊不清，无法确定谁做了什么是有问题的。于是，政府的苦肉计是回避直接讨论“战争”本身的是非，而转入一种日本式的思维逻辑——总之，大家都没做好，所以才会变成这样。因此，让我们大家一起反省吧。

但是，不是一般国民，而是持有与“天皇”非常亲近立场的皇族出身的首相提出这种主张，自然会引起人们的反感。一般国民普遍感觉是被“天皇”的决定单方面动员参战，被迫不惜生命战斗，最终由于战败而受到了更大的伤害。在1945年9月8日的《每日新闻》上的一篇投稿文章批评指出，（当权者）对官员们的懈怠加速了战斗力下降的事实避而不谈，却要求战死者及其家属也都同样进行反省。以此为契机，引发了许多对当权者逃避责任的“一亿总忏悔”论说辞的批评。然而，这些批评与《每日新闻》上的投稿文章一样，强调责任应当主要归咎于当权者，间接地将一般国民置于“受害者”的立场上。可以说，掩盖当权者责任的“一亿总忏悔”产生了逆向效果，强化了“一般国民”等同于“受害者”的认知。在这种情况下，“日本国民”以外的亚洲各国的受害者几乎没有被考虑在内。

从逻辑上讲，一般国民作为帝国的臣民，是天皇制下“受害者”的同时，也是对帝国周边地区（殖民地）或外部人群的“加害者”，两种角色并不矛盾。但是，一旦“一般国民”等同于“受害者”的形象形成，便很难再否定它。

丸山真男（1914—1996）持续引领日本战后舆论和政治思想，他在《世界》杂志1946年5月号上发表的论文《超国家主义的逻辑与心理》中，将统治战前日本的“超国家主义”描绘为政治家利用天皇来控制国民的逻辑与接受这种逻辑的国民心理状态的结合体。他进一步指出，在中国和菲律宾的日本军队暴虐行径的“直接执行者”，实际上是一般士兵。

作为陛下赤子的士兵们，确实在与头顶天皇权威动辄强行下达命令的上级的关系中是受害者，但在与比他们弱势的人相对时，他们也可能成为压迫者（压迫转移）。如果我们进一步将这种分析延伸到“下”即“更弱势的一方”，那么责任将扩展到国民对“外部”人群的加害责任。然而，丸山在他的论文中并没有对此进行深入探讨，而且之后也没有继续沿着这个方向进行讨论。

此外，他也并没有进行雅斯贝斯那样的讨论，即探讨在以天皇为“中心”的当权者们的法律和政治责任以外的“一般国民”的责任。他仅仅指出了一般国民作为臣民（subject）支持天皇制这一主体（subject）的事实。他在文章结尾处用乐观的语言总结道：“军国主义画上终止符的 1945 年 8 月 15 日，同时也是作为超国家主义体系基础的国体丧失绝对性，成就日本国民享有自由主体命运的一天。”（摘自《增补版 现代政治的思想与行动》［『増補版 現代政治の思想と行動』］，未来社，1964 年，第 28 页）。

历史社会学者小熊英二（1962— ）在他的著作《“民主”与“爱国”》（新曜社，2002）中，指出“一亿总忏悔”论的存在对于战争责任的讨论产生了一定的限制作用，这一点在进步知识分子中尤为明显。

沿着追究一般国民战争责任的方向讨论，有可能被误解为与“一亿总忏悔”的内容相同，因此为了避免这种情况，进步知识分子矛头焦点往往会发生偏移，局限于指挥战争的——不包括天皇的——政治当权者。因此，一般国民与超国家主义之间的共犯关系并没有得到充分讨论，甚至出现了肯定一般国民处于受害者立场的风潮。结果，试图免除天皇（制度）责任的当权者的意图与希望强调一般国民作为受害者的进步知识分子的意图形成了一种“新的共犯关系”，有效地将关于“战争责任”的讨论限定在“内部”。

此外，正如小熊英二指出的那样，将一般国民的受害者属性作为前提向当权者追究责任的逻辑，大多是以为国战死者的牺牲精神作为伦理依据，因此往往带有民族主义性质。越是要追究那些发动战争的——无论是否包括天皇在内——当权者的责任，越是会美化“为国而死的人”，这真是一种奇怪的“民主”和“爱国”的辩证法。小林善范（1953— ）在“为国家战死的人们”的名义下，抨击政府和主流保守派的堕落，其“傲慢主义宣言”的起源可以在战后初期围绕“一亿总忏悔”展开的国民国家内部的争论中发现。

这种将“为国而死”作为“国民”免责的伦理正当化根据的言论，在德国几乎是不可能的。因为在德国，从支持在《我的奋斗》中明确标榜反犹主义的希特勒上台，到开启纳粹大屠杀之路，全体“国民”都要被追究政治责任。为反犹主义的纳粹国家战死固然是一件悲剧，但不是一件值得骄傲的事情。强行引以为傲的话，就会间接地肯定纳粹思想，而这个纳粹国家本身已经消亡。

然而，在日本，作为国家核心的“天皇制”仍然存在，而且一般国民否定天皇制的声音也并不太大，跳过“政府和军阀发动不负责任的战争”等问题，“为了表现对天皇亦即国体的忠诚而死是高贵的行为”这种武士道式的“伦理”成立的余地或多或少被保留下来。具有讽刺意味的是，原本应该追究天皇名下发动战争责任的盟军最高司令部（GHQ），为了顺利实施对日本的间接占领统治，将作为旧体制象征的天皇从远东国际军事法庭的战犯名单中排除出去，从而间接地给这种“伦理观”做了背书。

如此一来，只有以战犯为主的政府和军方首脑是加害者，而天皇和一般国民则是被强行卷入战争的受害者，这样一种日本特有的“战争责任”论逐渐形成。

受害者？加害者？

在关于日本战败责任的争议中，一般国民不是受害者，而是“共犯者”的说法没有得到广泛认同，这背后有着现实的原因，要弄清这个原因，必须触及广岛和长崎的核爆问题。

广岛和长崎是在人类历史上首次被投放原子弹的地方，造成了数十万人死亡，核辐射的恐怖被人类所认知，因此，广岛、长崎和奥斯威辛一样，成为世界范围内代表“第二次世界大战悲剧”和“反战与和平运动”的象征。大部分因核爆而死的人是非战斗人员，将这些牺牲者视为战争的“受害者”应该没有太大问题。

然而，当试图将这种受害者范围扩大至“国民”整体时，问题就不一样了。对于德国国民来说，“奥斯威辛”是东方犹太人灭绝计划的中心地，是位于国外的加害之地。相比之下，广岛和长崎位于日本国内，是日本国民作为大战受害者的象征。与日本对东亚国家造成的伤害相比，原子弹爆炸造成的伤害更加显著。当然，日本国民因美国投放原子弹所受的伤害与东亚各国国民因日本侵略所受的伤害是不同的，并不是说前者可以抹杀后者。但是，现实情况是，对于日本国民而言，前者的冲击过于强烈，以至于后者很难进入视野。

以国内的反核为核心的反战和平运动的开展方式，就其结果而言也存在着强化日本受害者地位的一面。由左翼主导的这些运动几乎一致地提出“作为唯一遭受过原子弹袭击的国家，我们应当发出反核的呼声”这样的口号。

虽然这并没有错，但如果过于强调这一点，日本国民在整体战争和殖民统治中的加害者角色就容易被忽视。如果仅限于“核爆”问题，那么日本确实是受害者。在这种受害者形象中，一般国民在支持殖民地政策和战争行动方面的事实逐渐淡化，转而将“持续监督，不容许当权者重蹈覆辙，将无辜百姓再次引入战争”作为日本国民反省过去的内向性目标。一般国民也同亚洲其他国家的战争受害者一样，成为大日本帝国当权者发动战争的受害者。

在以反核、和平运动作为策略，试图获得国民支持的革新政党和进步知识分子之中，很少有人明确主张一般国民既是为政者无谋政治的受害者，同时也是对亚洲各国造成伤害的加害者。如果明确指出那些在核爆和东京大空袭中死去的平民是对亚洲各国造成间接伤害的加害者，可能会有亵渎死者之嫌。将对亚洲国家造成的伤害从“战争责任”论的焦点中排除，形成这种倾向的内在机理在于，原本就不愿承认国家战争责任的保守派和不太愿意强调一般国民战争责任的革新派之间的暗中协作。

在德国（西德），将自己的国民定位为受害者并公开表达这种主张，无论对左派还是对右派来说都相当困难。这是因为受到纳粹德国侵略的周边国家不愿意接受这种立场。德国在战争中也遭受了空袭，如德累斯顿被空袭造成大量平民伤亡，而战后初期，居住在西里西亚地区

（现属于波兰），以及苏台德地区（现属于捷克）的德裔人被强制流放，成为难民迁徙至西德。德国国民也有身为受害者的一面，但如果德国人自己坚决主张这一点，就会影响其加入北约，参与欧洲共同体（EC）成立等“西欧”一体化进程，以及随着1969年勃兰特社会民主党政府的诞生而开始强化的东方外交（与东欧国家的关系改善）。因此，至今为止，德国国内一直将提及自己作为受害者的言行视为政治禁忌。

日本与其殖民统治和战争侵略的东亚各国并不接壤，除了地理因素外，那些国家要么是发展独裁型的权威主义政体，要么是与日本没有外交关系的社会主义政权，针对日本的情绪一直没有以市民[1]运动的形式发展壮大，因此即使在日本国内强调一般国民的受害者属性，也无法接收到来自“外部”的批评信息。

进入80年代以后，以历史教科书问题为契机，对于日本不承认对亚洲国家负有加害责任的态度，韩国、中国等国家的批判之声愈发强烈。这导致日本的反战和平运动的焦点也从“本国国民受到的伤害”转移到“对周边国家造成的伤害”，对于将广岛、长崎和奥斯威辛一同讨论的做法也变得更加谨慎。但是，如何在战争责任的语境中定位“一般日本国民”这个问题，至今仍然不太清晰。在慰安妇和强制征用劳工问题上，对于战前日本对亚洲国家所犯罪行的谴责之声在日本左翼中逐渐

1 “citizen”一词日语中一般译为“市民”，中文的对应概念则是“公民”。日本学界一般认为，采用“市民”一词是为了表示和国家保持距离，以及表示作为民间自发、地域性的活动的意味。由于马克思主义相关内容中也有“市民社会”的说法，因此，本书在非特别强调国家与人民关系的语境中翻译为“市民”。

增强，但像魏茨泽克的《荒野四十年》那样，对国民政治责任的明确定位尚未形成。

值得顺便一提的是，尽管德国（西德）难以确立自身作为“受害者”的定位，但在东德（德意志民主共和国），以及在1938年被吞并成为第三帝国一部分的奥地利，情况则大相径庭。在此简单加以说明。

东德是以流亡到苏联的德国共产党（KPD）干部们为核心建立的，它的自我定位是德国历史上诞生的首个“社会主义国家”，是社会主义对抗法西斯（纳粹）胜利的结果。纳粹余孽逃到西德，建立了一个资本主义的反动国家，而东德的基础是由受到纳粹迫害的共产主义者和抵抗活动家们建立的。从这个意义而言，他们认为自己和犹太人一样，都是纳粹的受害者。苏联、波兰、捷克斯洛伐克等其他遭受纳粹大屠杀的东欧社会主义国家，为了社会主义的大团结，承认了东德的这种立场，并采纳了一种特殊的观点，即认为加害责任主要在西德。当然，在1990年两德统一后，这个前提被打破，统一后的德国（德意志联邦共和国）与这些国家单独签订补偿协议，重新处理“战后问题”。

奥地利在美国、英国、法国和苏联四个国家的共同占领下，直到1955年才作为“永久中立国”独立。在很长一段时间里，奥地利将自己定位为纳粹强制吞并（Anschluss，德奥合并）的受害者，甚至从西德那里获得了对“纳粹不法行为”受害者的赔偿金。奥地利把自己描述成为被《雪绒花》和《音乐之声》所象征的，拥有自然和传统文化的爱好和平的国家，将战争责任等不光彩的形象全部丢给在旅游收入等经济方面相当依赖的德国。然而，考虑到希特勒本人以及艾希曼等许多纳粹干部都是奥地利出身，而且在被吞并之前，奥地利已经出现了奥地利特有的法西斯主义（祖国阵线·法西斯主义），并培养了纳粹的土壤。因此，可以说奥地利的自我定位是相当利己主义的。

这种自我理解崩溃的导火索是 1986 年的奥地利总统选举。曾担任联合国秘书长并在国际上受到高度评价的库尔特·瓦尔德海姆（Kurt Josef Waldheim，1918—2007）参选时，他的纳粹突击队军官身份被曝光。人们不仅发现了他与纳粹大屠杀相关的事实，还发现他隐瞒这一事实的同时继续作为国际外交官活动。这引发了美国和欧洲国家的谴责。尽管他最终在大选中险胜，但美国司法部拒绝了他的入境申请。美国拒绝现任国家元首入境是相当罕见的情况。以此为契机，以德语圈的知识分子为主，开始了对照历史事实批判奥地利“牺牲者神话”的运动。

在这种背景下，1988 年 3 月正值德奥合并五十周年之际，引发争议的瓦尔德海姆本人在奥地利联邦议会的演讲中承认在纳粹体制下，奥地利人做出了比德国人更加残忍的行为。他强调需要修正以往的立场。随后成为总统的托马斯·克莱斯蒂尔（Thomas Klestil，1932—2004）在 1994 年 11 月访问以色列时，为奥地利国民自视为纳粹最早的受害者，未承认自身的加害责任而道歉。至此，奥地利的“牺牲者神话”在官方被认为已经终结。

此后，试图肯定纳粹，排斥外国劳工的自由党在海德尔（Jörg Haider，1950—2008）的领导下迅速崛起，但受到欧盟成员国的反对，海德尔辞去党首职务，自由党在 2002 年的大选中失去了大量席位，新纳粹式的影响现在已经逐渐平息。

东德和奥地利的历程是很好的例子，即“一般国民的战争责任”由于国家的政策而被隐瞒，塑造对本国有利的历史观。但是，这也同时意味着，围绕这些国家形成的环境一旦发生改变，历史观也将不得不随之改变。对于日本而言，由于围绕战争加害者和受害者的自我理解从一开始就模糊不清，因此即使国际环境发生改变，历史观的变化也不会太明显。

“普通的德国人”的加害者属性

在德国，围绕一般国民参与纳粹大屠杀的问题已经进行了多次讨论，其中最具代表性地提出这一问题的事件发生在 1996 年，当时美国政治学者丹尼尔·戈德哈根（Daniel Jonah Goldhagen，1959—　）出版了他的著作《希特勒的志愿行刑者：普通德国人与纳粹大屠杀》，引发了被称为“戈德哈根之争”的讨论。

戈德哈根的论述引起了广泛关注，原因在于其观点非常简明扼要。他提出导致纳粹大屠杀的“真正原因”并不是希特勒的世界观，也不是他身边亲信的进言，而是 19 世纪以来渗透到德国文化深层的，尤其是第一次世界大战失败后，在“普通的德国人”中迅速蔓延的反犹主义。

很多人可能会这样想，关于“普通的德国人”身上也有加害者属性这个问题，在此之前德国已经有雅斯贝斯围绕罪责四分类对战争责任进行了充分的讨论，似乎已经不言自明。然而，承认一般民众在道德和宗教上的责任，与将当时“普通人”的具体行动作为史实，从历史学的角度阐明是两回事。在导致纳粹大屠杀的过程中，“普通的德国人”所扮演的角色在历史学的意义上来看，并不明确。

主要由德国历史学者进行的以往的专业研究认为，在开战之前，纳粹利用已经渗透到大众中的反犹主义（自下而上的反犹主义），间接推动对犹太人的排斥。这种排斥体现在大众对犹太商店、犹太会堂等的大规模破坏和纵火，以及发生在 1938 年 11 月 9 日犹太人窗户被砸造成大量玻璃碎片飞溅的"水晶之夜"——1989 年柏林墙倒塌刚好也是同一日。此后随着德国卷入战争，由党卫军（SS）等组织实施的有组织迫害（自上而下的反犹主义）成为主流。

正如前文所述，通过种族灭绝形式的"最终解决方案"是在 1942 年 1 月的万湖会议上做出的决定。由于该会议的结果只被秘密传达给了相关部门，一般认为，别说是一般国民，甚至连高级军官都不了解"最终解决方案"的整体图景。因此，如果将纳粹大屠杀等同于"最终解决方案"，那么直接导致大屠杀的罪魁祸首就是希特勒本人及其心腹。传统历史学家的研究集中在万湖会议前后政权内的权力关系，持"蓄谋派"立场的学者认为希特勒的反犹主义世界观对决策具有决定意义，而持"功能派"立场的学者认为决策是在高级干部之间的主导权争夺中形成的。进入 1990 年代以后，出现了一种新的说法，即青年官僚和学者提出的以犹太人强制迁移计划为核心的重新规划东欧地区的构想，在一定程度上为万湖会议奠定了基础。但不管怎样，主要参与者仍然被认为限于纳粹精英。

在这种观点占据主流的背景下，戈德哈根的说法突然浮出水面，即"最终解决方案"的实施，如果没有"普通的德国人"的自愿合作，是不可能实现的。针对那些以一般国民不可能了解纳粹大屠杀整体情况为前提的“蓄谋派”和“功能派”，戈德哈根指出，一般国民在“水晶之夜”前便已自愿参与纳粹的反犹主义政策措施，他们不可能想象不到在战争期间对犹太人的强制隔离最终会导致何种结果，而且如果没有这些国民的协助，就不可能实施对数百万人的大规模屠杀。此外，戈德哈根还举例说明，在苏联等地的占领区域负责囚禁和处决犹太人的并非是坚定的纳粹党员，这些下级士兵将犹太人视为玩物，以此为乐，并自豪地向家人报告他们的所作所为。他通过这些例子强调，正是德国文化中固有的反犹主义支持了纳粹大屠杀的实施。

将“反犹主义”和“最终解决方案”紧密联系在一起的戈德哈根受到了一直主导德国纳粹大屠杀研究的埃伯哈德·雅克尔（Eberhard Jäckel，1929—2017）、汉斯-乌尔里希·韦勒（Hans-Ulrich Wehler，1931—2014）、汉斯·莫姆森（Hans Mommsen，1930—2015）等在纳粹时代长大的历史学家们的强烈反对。他们认为这种观点没有严格的史料支撑，只是一种无根据的想象，会使纳粹大屠杀的起因变得模糊，降低研究的水平。总体而言，专业历史学家中反对戈德哈根的声音很强烈，但在思想、哲学研究者和记者中，对他表示共鸣的人比较多。战后出生的德国人中，有不少人感到，以前所谓“普通的德国人”没有意识到“最终解决方案”，直到战争结束才得知真相的解释显得不自然。这种不自然之感在戈德哈根的提问下被再次放大。

自戈德哈根之争以来，关于德国国防军是否积极参与纳粹大屠杀的问题开始引发关注。传统观点认为，纳粹党成立的党卫军直接参与纳粹大屠杀，而非德国正规军。此后，对“克服过去”争论中的残留问题的讨论变得更加复杂，比如，需要大量劳动力的德国企业与集中营之间的紧密合作关系，主导德国战后历史研究的“结构史”研究中第一代奠基学者与纳粹之间的关系等。关于“普通的德国人”在日常生活中的表现有多大程度属于纳粹行为，是一个超越了历史学知识可以确定范围的、难以判断的问题。然而，由于德国战后一直将克服纳粹过去作为全体国民的目标，因此一旦出现之前未曾提及过的议题，便无法回避，这便是德国的一种政治文化。

在日本，虽然并非完全没有出现过关于一般国民“自愿参与体制”问题的讨论，但由于缺乏类似戈德哈根之争中“渗透到一般大众精神深处的反犹主义和‘最终解决方案’之间关系”同样级别的决定性焦点，因此并没有出现过系统性的广泛争论。

日本对中国台湾地区和朝鲜半岛的殖民化过程，以及通过“九一八事变”创立伪满洲国作为傀儡国家，再到从侵华战争进而卷入太平洋战争的过程，这些过程未必与一般国民直接相连，而且一般国民在不同阶段的参与方式也有很大的差异。因此，如果要对一般国民在亚洲国家的加害行为进行历史性研究，就要考虑应该追溯到哪一时间点，这是相当复杂的问题。近年来，关于日俄战争时期一般国民的狂热、关东大地震期间对朝鲜人的虐杀、伪满地区开拓、国民自愿参与国家总动员体制、从军慰安妇问题等个别问题的研究和讨论都相当活跃。然而，至今尚未形成一个能够明确揭示国民在东亚侵略或扩张中自愿参与程度的整体性讨论框架。

这种整体观的缺失，并非仅仅由于日本批判性知识分子的怠慢所致，还因为日本在第二次世界大战中走上“明显的加害者”立场的历史过程非常复杂，难以简单明了地进行总结。但是，如果要解决与东亚国家之间遗留的“战后问题”，总是要对其进行较为深入的讨论的。如果只是不断重复“明治维新后，日本在面对西欧列强的威胁时，自身也被帝国主义的民族主义亡灵附身”这样程式化的抽象论述，恐怕是没有什么意义的。

第二章

关于“国家形态”

“国家形态”是否发生了变化

战后，日本和德国同样作为二战的“战败国”，都背负着这一负面身份，但实际情况在两国之间却有很大不同。在德国，以希特勒为元首的第三帝国全面解体，全新的德意志联邦共和国诞生。而在日本，虽然国家的核心（国体）天皇制的政治作用有所缩小，但基本上仍得以维持，新宪法在第一条中明确规定天皇是国家的象征。“宪法”相当于英语中的“constitution”，通常指“国家体制”或“国家形态”，在从大日本帝国到日本国的转变中，“国家形态”的最重要部分被延续下来。

实际上，在新宪法于 1947 年 5 月生效之前，基于《大日本帝国宪法》构建的传统政府在盟军最高司令部的监督下继续统治国民。这与德国的情况大不相同。德国在被分割为美国、英国、法国和苏联四个国家的占领区后，这些占领区都处于占领国的直接军事管制之下，国家形态在一段时间内暂时消失，直到 1949 年美国、英国和法国占领区成立了德意志联邦共和国，苏联占领区成立了德意志民主共和国。当然，为了顺利进行统治，盟军利用了传统的公务员组织等，但中央政府已被解散。

至少在形式上，相较于德意志联邦共和国从零开始的国家形态，通过在天皇制下进行软着陆式的体制转变而诞生的日本国，与大日本帝国是否是完全不同的国家，这是一个引人深思的问题。

最大的疑问是，大日本帝国强调天皇主权，而日本国强调国民主权，这个主权的转变是基于何种“法律依据”进行的呢？一般常识性的回答可能会认为是基于“国民的总体意志”，但在新宪法确定“主权在民”之前，国民只不过是没有主体性的天皇的“臣民”。就在不久之前，还只是臣下的他们，突然之间抛开主人，并制定自己做“主人”的“宪法”，这似乎有些奇怪。何时从只能服从的“臣民（subject）”变成了“主体（subject）”，我们不得而知。英语中的“subject”除了表示“主体”，还包含“从属于（be subject to）”这一含义。

如果是作为主人的天皇自行决定将主权委托给臣民的话，这种情况或许能够说得通。但这就意味着现今日本国的“国家形式”最初是由“天皇”确立的。这样一来，就很难说日本国与大日本帝国是完全不同的国家。如果说是由联合国强制将国家主权委托给国民的话，那么就会变成由外国决定“国家的形式”，从而进一步变得更加奇怪。

影响战后日本宪法学方向的关键人物——东京帝国大学（东大）教授宫泽俊义（1899—1976），为了“解决”这种逻辑上的矛盾，在他的论文《八月革命的宪法史意义》（1946）中提出了“八月革命说”，即认为日本在接受 1945 年 8 月 14 日的《波茨坦公告》时就发生了“革命”。宫泽认为，主权的转移是建立在国民发动“革命”的前提下。他主张“国体”并没有改变，而是“消亡”。

宫泽提出“八月革命说”的目的是为了解决关于制定宪法权力所在的法理性问题。然而，在原本就是“国体”核心的天皇制依然存在的情况下，宣称“国体”一度消亡的说法似乎脱离了现实，更像是观念上的牵强附会。与法国大革命不同，日本人民并没有自发地推翻君主制（天皇制），也不是出于自己的意愿无条件投降。当然，对于不久之前还是“臣民”，突然之间变成“国民”的人们来说，不太可能有这样的切实感受。“八月革命说”的影响仅局限于宪法学，或者与之相邻的法律思想和政治思想等被限定的专业学术领域内。

几乎在宫泽提出“八月革命说”的同时，一场关于“国体”概念本质的讨论也在展开。参与设计宪法修正草案的公共法学家佐佐木惣一（1878—1965）和伦理学家和辻哲郎（1889—1960）之间展开了辩论。佐佐木的基本立场是新宪法的颁布导致了国体的“变更”。但为了明确“国体变更”的含义，他指出“国体”这一概念包含两个方面，即政治形式上的“国体”，以及从国民精神、伦理生活层面来看的“国体”。后者的“国体”相当于后来历史小说家司马辽太郎（1923—1996）称之为“国之形态”的概念。与新宪法同时被直接改变的是前者意义上的国体。

佐佐木本人并不积极支持根本性改变“国体”，建立主权在民的国家。在他看来，如果想要建立一个民主国家，只需通过设立辅佐天皇的各种机构进行宪法修改足矣。然而，现实政治上的“国体”发生了变化，天皇不再是国家统治权的总揽者。伴随着这一改变，精神层面的“国体”也势必发生变化，这就是佐佐木的论点。

与此相对，和辻则认为，佐佐木所说的发生变更的政治上的“国体”仅仅是明治维新之后形成的，只有短短七十多年历史。不论这一“国体”是否发生变化，从日本文化传统的整体来看，其意义都相对有限。因此，和辻指出，即使明治宪法规定的天皇是统治权的绝对掌握者这一条失去法律效力，作为文化统一体的“国体”并不会动摇。

尽管和辻的文化论“国体”观与政治家、法学家之间讨论的“国体的变更”有明显的差异，但这刚好地应对了战后日本的模糊状态。尽管在法律上来看，将天皇作为国家元首的“国家”已经不存在，但将天皇作为象征性中心来构建文化共同体的“国民”仍然存在，并且新宪法也承认了这一点。

而且非常讽刺的是，战败导致日本失去了作为殖民地的中国台湾地区和朝鲜半岛，冲绳也处于美军的直接统治之下，战后在残存的“日本”领土中重现了“国民国家”的状态。尽管如果考虑到还有北海道的原住民阿伊努人，也不能完全说当时的日本是百分之百纯粹的“国民国家”。但以日语为母语、共享文化论“国体”的人们凝聚在一起，基本上不与其他民族交往，形成了新的“国家”，因此国民的身份认同反而得到了强化。统合这种文化纯度较高的“国民”的“象征”角色，恰恰由不久之前一直担任“国·家”家长的天皇来扮演。

被割裂的“国家形态”

与日本收缩为“国民国家”不同，德国因为被分割占领和领土边界的大幅变化而割裂，其“国民”的一体感和凝聚力受到了破坏。德国不仅分裂成东西两部分各自建国，还失去了德奥合并之前1937年德国领土版图内的西里西亚地区，以及包括康德曾经执教的柯尼斯堡等波罗的海沿岸的东普鲁士地区。

德国于1871年由俾斯麦统一，成为“德意志帝国”，之前是由数十个领邦国家构成的分裂状态。“德意志帝国”的核心是以柏林为首都的普鲁士王国，我们脑海中纪律严明和勤奋等德国的典型印象，正是源自普鲁士文化。然而在战后，作为普鲁士文化中心的柏林地理上位于东德境内，政治上分为由西方三国统治的西柏林和被整合为东德首都的东柏林。普鲁士原本就是德意志民族居住空间东北部一个发达的国家，连接柏林周围的布兰登堡地区和波罗的海沿岸的条顿骑士团领地。因此，缺少了东德、西里西亚地区和柯尼斯堡的西德，难以称之为以普鲁士文化为基础的文化共同体。歌德、席勒的文化活动中心，一战后魏玛宪法的发源地，谢林、施莱格尔兄弟、诺瓦利斯等人活动所在的德国浪漫主义思想和文学运动发源地耶拿，都位于东德一侧。

失去这些地区，如果用日本来打比方的话，就好像将从关东到北海道的地域割离出日本领土一样。即使剩下的部分仍然可以被称为“日本”，但缺少了东京、横滨等明治以来的现代化中心城市，而由近畿、中部、北九州等地争夺主导权的话，“日本”的形象很可能会变得相当不确定。

事实上，在西德，汉堡、不来梅等北部地区，包括科隆、波恩在内的靠近法国的莱茵兰地区、以法兰克福为核心的德国中部黑森地区、在文化上接近奥地利的巴伐利亚地区等，各地方相互竞争“中心”位置，使得原本在政治和文化方面中央集权性不显著的“德国”的形象更加多变。

此外，现代德语区（包括奥地利在内）的文化很大程度上是由犹太系文化人和知识分子承载的。其中包括一些在日本也熟而能详的名人，如门德尔松、海因里希·海涅、马克思、辛格尔、马勒、卡夫卡、胡塞尔、弗洛伊德、维特根斯坦等。甚至像魏玛共和国外交部长拉特瑙那样，进入政治核心的名人也不在少数。犹太系文化成为了德语区文化中不可或缺的一部分。反犹主义发展为纳粹主义，从某种意义上来看，是对犹太元素过于显著的一种反弹。这种犹太民族的创造性在纳粹的反犹太政策中遭受了毁灭性的打击。

在纳粹时期逃往国外的犹太系知识分子，很多人之后并没有回国，而是选择在美国等地继续活动，如汉娜·阿伦特、影响了美国和德国学生运动的社会哲学家马尔库塞（1898—1979），以及以对法西斯主义的心理分析著称的社会心理学家埃里希·弗洛姆（1900—1980）。这些人无法回到曾与纳粹共鸣并对自己进行种族迫害的“祖国”。还有一些人，如哲学家恩斯特·布洛赫（1885—1977）、作曲家汉斯·艾斯勒（1898—1962），以及作家安娜·西格斯（1900—1983）等，他们认同继续抵抗纳粹的共产主义者，选择“回国”到东德。当然，这不仅限于犹太系知识分子，如剧作家贝托尔特·布莱希特（1898—1956）这样因思想和政治原因选择移居东德的知识分子也有很多。

同时，在留在西德的人们心中弥漫起了一种对自身文化的不信任感，因为正是他们的文化在某种程度上为希特勒的崛起埋下了伏笔。有一些人拥有深入阅读康德、歌德、席勒等古典著作的人文教养，能够自如地引用这些文化知识，然而却成为了纳粹分子。作为现代德国最重要的哲学家之一的海德格尔（1889—1976）曾加入纳粹党，他于1933年就任弗赖堡大学校长，在就任演说中表达了对纳粹的期待，这一事件广为人知。

如果坚持认为被纳粹所吸引的文化不再值得信任，那么大部分被视为“德国文化”的东西就不得不被否定，最终导致无法确定什么才是“德国式”的。在这方面，留在德国的知识分子们以一种截然不同于战后日本知识分子的方式，深入追问了自己文化中潜在的野蛮性问题。相对而言，日本知识分子们在围绕日本的战争起因的争论中，探讨最多的也只限于明治时代国家的帝国主义富国强兵政策，几乎没有人真正将“日本文化”本身作为讨论对象进行审视与分析。

流亡美国并取得美国国籍的诺贝尔文学奖得主托马斯·曼（1875—1955）于德国无条件投降三周后，在华盛顿国会图书馆库利奇礼堂发表了题为《德国与德国人》（1945）的英文演讲。在这场演讲中，他指出，德国人最美丽的特性，即德国式的内在性，在德国浪漫主义中得到体现。这种内在性蕴含着与地下世界相通的非理性的和邪恶的（dämonisch）要素，这些要素在某种程度上对抗着西方的启蒙主义和理性主义，源源不断地为反革命提供动力。德国人内心中积蓄的这种恶魔般的能量，如果得到妥善控制，就能够为文化生产性作出贡献。然而，由于德国人自身对这种能量的处理出现错误，导致其失控，最终诞生了希特勒。

在曼看来，认为德国具有两个侧面——既拥有人文主义教养和高度文化性的“善良的德国”，又拥有同纳粹一样野蛮性的“邪恶的德国”，这种说法实际上是在欺骗。在内心深处憧憬着永恒的终极美，但为了获得这种“美”，有可能像浮士德那样，将灵魂卖给魔鬼梅菲斯特，试图与它一同支配世界。德国最美好的部分有可能转化为最邪恶的一面，正如同浮士德博士的人格那样。不顾自身周围的国际环境，急切地试图实现自己浪漫主义憧憬中的国家理想，这种乡巴佬式的执拗本性使德国陷入危机，而只要德国仍然是德国，就无法摆脱这种危机。曼的演讲在之后很长时间里都被战后德国知识分子视为理解自身文化的原点。

因此，德国随着战败，不仅以希特勒为首的纳粹“国家”崩溃，而且作为文化统一体的“国体”也分崩离析，陷入了不知该如何重塑国民身份认同的困境。他们难以找到作为德国人可以自豪的“心灵归属地”。尽管同为战败国，德国与日本的情况却大不相同。日本是在国民国家框架和作为其统合象征的天皇制得以在现实中保留下来的前提下，含糊地讨论“国体”是否变更的问题。对大多数日本国民来说，“作为日本人意味着什么”几乎只是一个没有现实意义的“高尚议题”，而对置身于相当不稳定的政治环境中的“德国国民”来说，“作为德国人意味着什么”则是一个关乎他们政治与文化上身份认同的现实问题。

在西德的知识分子看来，对于战败后分裂的“德国”而言，什么样的状态才是其本来应该有的状态这一政治问题在文化上也具有极其重要的意义。自中世纪以来，德国一直分裂为多个小国家，经历了不断的分合与变迁，如何在德国及其周边国家实现政治稳定这一问题，被称为“德国问题”。然而，根据解决“德国问题”的方式不同，有些地区可能会失去“德国”身份，导致那些被迫失去“德国”身份的地区的人们面临身份危机，同时也会使“德国人”对一直以来德国这一国家的国家形态认知变得不稳定。

许多人认为与东德的“再统一”会是“德国问题”的最终解决之道，然而，有些人持有这样的立场——在政治上保持分裂而非形成一个统一国家，也许更接近德国本来的状态。

后者观点的代表人物是 1999 年获得诺贝尔文学奖的第三位德国获奖人，君特·格拉斯（1927—2015）。格拉斯的出生地但泽位于波罗的海沿岸，德国一战失败后，但泽成为国际联盟管理下的自由市，纳粹时期曾短暂回归德国，二战后被划归波兰，现在被称为“格但斯克”。即使德国“再统一”，格拉斯的故乡也已经几乎不可能再回归德国了。

维利·勃兰特（1913—1992）是西德首位社会民主党（SPD）出身的政府总理，格拉斯与其关系亲近。从 1960 年代中期开始，格拉斯就积极支持社会民主党。在此过程中，他提出了一个解决“德国问题”的方案，即在放弃“再统一”这一大前提的情况下，通过在构建德意志联邦共和国的各州和东德的“州”（东德的州级行政区划制度在 1952 年被废除，格拉斯提出将其恢复作为前提）之间建立一种类似于美国独立战争时期的松散“国家联盟（Konföderation）”的关系，在这个过程中形成州与州之间的互信关系，然后逐步回归到 1871 年以前的“原始状态”。格拉斯认为应当在维持国家不统一的状态下，摸索享有共同语言和文化的“文化国民（Kulturnation）”的存在方式。只有这样，才不会给波兰、法国等周边邻国构成威胁，而在欧洲中部形成社会主义州和自由主义州混合的“国家联盟”也将有助于缓解东西方之间的紧张关系。在1989年至1990年期间，重新恢复的东德各州通过加盟德意志联邦共和国的形式迅速实现了德国的“再统一”，但格拉斯坚持自己的构想，直到最后他都坚持认为不应该追求超越“国家联盟”的“统一德意志国家”。

尽管格拉斯的观点并不一定被社会民主党等党派的职业政治家们认真接纳，但他关于“文化国民”的激进论述，反映了德国知识界对于探索德国在政治和文化上最为稳定状态的迫切焦虑。由于“国家形态”已不可能完全还原俾斯麦所塑造的模式，德意志民族必须努力找到一个在政治和文化上的稳定状态。众所周知，统一后的德国依然面临诸多问题。拥有被称为“东德情结（Ostalgie）”的前东德居民，从东欧各地德语区移民到德国的德裔人群，来自土耳其等伊斯兰国家的第二代、第三代移民等，由于这些人并没有完全融入战后的西德文化，因此他们存在身份认同障碍。尽管地理上的国境线已经确定，但文化意义上的“国家形态”仍未确定。

通向民族主义的“特殊道路”

日本和德国都是希望强调自己“特殊性”的国家。与德国人交谈时，经常会听到他们说德国是多么古怪的国家，以及他们对其他国家来说是多么难以理解。与强调自己的开放性和易于理解的美国人或法国人等不同，德国人给人留下了难以相处的印象。但作为同样强调自身特殊性的日本人来说，有时反而会感到德国很亲切。然而，当我们结合历史背景来思考日本人和德国人各自对自己国家“难以理解”之处的印象时，就会发现双方的“难以理解”之处是相当不同的。

首先，谈到日本，通常我们认为造成这个国家在国际上“难以理解”的历史原因主要有以下三点：①由于本身是岛国，所以与异文化的接触受到限制，再加上江户时代长达二百多年的锁国政策培养出了独特的岛国性格；②尽管如此，在明治维新之后，日本快速实现了现代化，加入了欧美列强的行列；③尽管在经济和科技方面实现了西方化，但保持了象征天皇制与神道的融合，以及神道和佛教的混合等独特的政治、文化和宗教复合体。简单而言，日本表面上似乎很快就顺应了西方，但在深层次上仍然保持了现代化以前的文化和社会形态，这便是日本的自我认知，即在别的国家看来的“难以理解”之处。一个地处东亚的岛国，却作为发达国家，按照西方国家的方式行事，因此难以理解也是理所当然的。

与日本相对的，地理上位于欧洲中部的德国，文化上继承了查理大帝的法兰克王国和神圣罗马帝国（第一帝国）的传统，无疑本身是“西欧”的一员。无法想象一个缺少了德国的欧洲，正因为如此，以美国为中心的西方集团为西德创造了与其他西欧国家，以及以色列和解的政治环境，而西欧国家也在 1952 年成立了以德国和法国为中心的欧洲煤钢共同体（ECSC），并在 1958 年成立了欧洲经济共同体（EEC），从经济角度加速了德国的融入。处于这一立场的德国声称“我们是特殊的”，其中暗示着德国尽管属于“西欧”，但走过了与英国、法国等其他西欧国家不同的现代化之路。

在西欧，“现代化”通常被认为是由寻求自由和平等的“市民革命”取得胜利而实现的。然而，在德国，统一国家形成时间比较晚，市民社会的发展较为迟缓，没有出现明显的市民革命的胜利。在受到法国二月革命影响的 1848 年三月革命中，德国各邦的人民站了起来，追求自由和统一，在普鲁士实现了一定程度的民主化，但并没有动摇君主制的根基。而在二十三年后，由完成“统一”的普鲁士主导了“自上而下的革命”，推动了市场的统一、工业的形成、科技的振兴，实现了现代化。尽管“独立的市民”没有成为主角，但国家主导的迟来的现代化进程发展迅速，这一点和日本一样。一直以来，德国知识分子倾向于将这种缺乏“市民革命”的现代化理解为他们政治上的滞后性，战后这种观点开始与纳粹问题联系在了一起。

换句话说，正如上文格拉斯“再统一反对论”中指出的，德国在与法国、丹麦等周边国家摩擦不断的同时，强行创造了一个“统一国家”，市民社会尚未充分成熟，酿成了扩张性民族主义，进而为纳粹主义提供了土壤。

这种观点被称为“特殊道路（Sonderweg）”论。在历史学领域，这种论点最初的起源可以追溯到 1960 年代初，当时汉堡大学教授弗里茨·费歇尔（Fritz Fischer，1908—1999）提出的与第一次世界大战有关的问题引发了费歇尔争论。在那之前，德国历史学界一直认为，对于造成纳粹大屠杀的第二次世界大战，德国没有任何理由辩解，但第一次世界大战则未必如此。德国可能只是卷入奥地利与塞尔维亚、俄罗斯的争端而被迫参战，因此可以认为是一种正当防卫。

然而，费歇尔指出了在萨拉热窝奥地利皇储遇刺事件之前，德意志帝国已经在秘密推进以确保其世界强国地位为目标的战争准备。当时的德意志帝国拟定了一项名为“中欧构想”的计划，旨在将比利时、荷兰，以及东欧和巴尔干半岛等广阔地区纳入德国的势力范围。这个构想不仅得到了官僚、军人的支持，还受到了知识分子和社会民主党成员等的支持。这一思想后来甚至被希特勒的欧洲征服计划继承。

汉斯-乌尔里希·韦勒进一步发展了这一观点，他连续考查了从1871年到1933年希特勒上台的六十二年间的德国历史，提出德国在这段时间内的发展进程走过的是与其他西欧国家不同的“特殊道路”。他采用了统计学、经济学和社会学等方法，确立了被称为“社会史”的新历史研究方法。在之后的戈德哈根之争中，他对戈德哈根过度评价“自下而上的反犹主义”的观点持否定态度。从1970年代末到1980年代初，韦勒提出了一个论点，即在没有经历市民革命的情况下实现经济发展的德国，传统的精英阶层通过旧有的支配体系继续压制自下而上的改革运动。由于政治文化极度崇尚权威主义，没有形成市民主体性，因此无法阻止纳粹主义在大众之间渗透。这与民主化随着经济发展、科技进步同步提高，市民阶层不再轻易与民族主义形成共鸣的英国和法国的情况，形成了显著的区别。尽管第二帝国（1871—1918）、魏玛共和国（1919—1933）、纳粹第三帝国（1933—1945）在政治体制上存在明显差异，但通过“特殊道路”实现“现代化”社会发展的基本机制并未改变。

韦勒的论述在某种程度上以较为简化的图式勾勒出了德国的“特殊道路”，历史学界对此褒贬不一。但至少在他的问题提出之后，试图通过与其他西欧国家进行比较来理解纳粹主义形成的机制这一角度分析德国现代化与民族主义之间关系的各种研究和讨论开始兴起。在这一过程中，出现了两个重要的问题点：①纳粹主义是否如同“特殊道路”论所言，是在德国现代化进程中连续不断地出现，还是只是德国近代史中一个例外的、一时的现象？②假设如果德国一直走“特殊道路”，那么战败后的德国是否能够像其他西欧国家一样走上“正常道路”，还是必须持续保持特殊性？

这两个论题在政治上都相当具有争议性。首先，如果否定“特殊道路”论，认为纳粹主义是一时现象，德国也形成了市民社会的话，那么在这一前提下，通过战败，德国就是作为一个拥有民主“基本法”（东西分裂状态下的德国，“宪法”终究是临时的，因此采用“基本法”这一名称）的国家重新开始，回归到本来的正常状态。因为已经正本清源并坚定地融入西方阵营，所以纳粹复活的威胁几乎不复存在，渴望尽快解决“克服过去”问题的保守主流派人士倾向于采用这一前提。然而，像君特·格拉斯这样的左翼自由主义人士一直在敲响警钟，警告民族主义可能再度复活，他们自然倾向于支持“特殊道路”论的立场。

但是，左翼人士过分强调“特殊道路”的话，在②的层面则会引发另一个问题。如果认为德国是如此特殊的国家，那么努力追随其他西欧国家走相同的道路这种做法是否本身就是徒劳的？或许更应该去彻底探索一条“德国式的特殊道路”。这样的观点也可以成立。因此，如果以这种方式展开“特殊道路”论的话，左翼人士将很难以有说服力的方式对其进行反驳。

实际上，正如我们稍后将会看到的，从1980年代末期开始崭露头角的新保守主义评论家们开始在“脱西欧化”和“回归中欧”等语境下，反其道而行地利用之前被认为是左翼专利的“特殊道路”论。这些人认为，位于“中欧”的德国走一条与英法等“西欧”国家不同的现代化道路是理所当然的，以西欧为尺度比较，称之为“特殊道路”本身就是荒谬的。“特殊道路”论对于试图在西德培育出对纳粹等极权主义威胁具有免疫力的“健全的市民社会”的左翼自由主义人士来说，是一把双刃剑。

顺便值得一提的是，如果采用正统的马克思主义阶级斗争历史观（唯物史观）立场的话，就意味着虽然在不同地域可能会有一些时间差，但历史必然会按照“封建社会→资本主义社会→社会主义社会”的顺序阶段性发展。在这种情况下，似乎可以不必过于在意德国的地方特殊性，朝着“革命”的方向前进即可。但是，在西德，由于与马克思主义国家东德的对抗关系，以及不可将大屠杀相对化的意识在左翼知识分子中非常强烈，因此对于仅仅用唯物史观机械性地解释“纳粹主义之路”的论述并不被接纳。这一点与过于轻率地使用唯物史观的日本左翼的民族主义论有相当大的不同。

日本的“特殊道路”

从特殊形式的“现代化”道路中寻找引发战争的扩张性民族主义原因的讨论在日本也存在。事实上，第二次世界大战前的日本是非西方世界中唯一实现了西方意义上的现代化，并参与帝国主义政策的特殊国家。因此，要想全面地说明从明治维新到太平洋战争的七十三年间的“国家形态”变迁，无论是批判殖民地统治和战争的反战和平立场，还是拥护日本的选择的保守主义立场，都会不可避免地涉及“特殊的现代化”与“民族主义”之间的关系。

然而，与德国的情况截然不同的是，日本原本就不是“西方国家”，所以很难构想出不“特殊”而“正常”的现代化形象。将英法视为“标准”并以与它们的距离来衡量自己的发展道路，这种类似德国的讨论在日本并没有什么意义。其他东亚国家开始现代化进程是在日本战败之后，因此讨论“亚洲独特、正常的现代化”等内容也没有多大意义。

试图为战前日本的“现代化与民族主义”辩护的人们常常会提出：“如果日本没有进军大陆，甚至可能会导致中国和朝鲜，以及包括日本在内的亚洲国家都成为西方列强的殖民地。那样会更好吗？”我们不能断言这种说法完全是错误的。左翼人士通常会反驳说：“拿历史的假设来为侵略历史辩护是不可取的。”然而，在这样的辩论中，老套的对话并没有带来“什么样的现代化才是好的”这一问题的答案。

当辩论陷入僵局时，人们经常会引用中国文学研究家竹内好

（1910—1977）的观点。竹内在 1948 年到 1950 年初，围绕中国一直在探索与西方化不同的独特的现代化之路过程中的“主体性”问题提出了一系列论述。时至今日，竹内在左翼文学评论界仍然颇受欢迎，但他并没有明确指出日本应该通过学习中国的“主体性”从而确定走什么样的道路，以及未来应该如何前进，因此他的影响相当有限。竹内以中国为模型提出的“亚细亚主义”，更多被认为是对将西方化与现代化划等号这一认识的“抵抗”态度，而不是积极的现代化愿景，因此从政治思想的角度对其加以展开，会遇到一些不可避免的困难。

在日本左翼知识分子对“战前民族主义”进行的批判中，长时间以来占主导地位的是马克思主义的阶级斗争史观，以及丸山真男和经济史学家大冢久雄（1907—1996）提出的“近代化”论。

正如前文所述，从正统的阶级斗争史观的立场来看，类似于战前日本的法西斯主义是遵循历史铁律的，是在资本主义向社会主义的必然性发展的“世界历史”普遍趋势中出现的过渡性现象。因此，只要无产阶级革命取得胜利，它自然会被克服。尽管在日本马克思主义左派阵营中，对于日本处于阶级斗争的哪个阶段，以及无产阶级（实际上是代表他们的左翼势力）应采取何种策略等问题存在分歧意见，但大家普遍认为，即将到来的无产阶级“革命”的最终胜利能够消除法西斯主义带来的危害。

这种唯物史观的理解容易与日本的“战争责任”论相统合。日本的“战争责任”论认为日本大多数民众（无产阶级），与东亚各国人民一样，都是战前统治日本的、以军阀和财阀为中心的国家体制的牺牲者。

因此，对于不愿将“一般国民”视为敌人的左翼势力来说，这种理解是适宜的。当然，一旦所有问题都可以通过无产阶级与资产阶级之间的世界历史性对决这一普遍模式来解释，那么也就无需再强调日本或亚洲的特殊性。

相反，丸山以及大冢的“近代化”论虽然也将唯物史观纳入了从封建社会向资本主义过渡的分析，但他们并不认为阶级斗争是历史发展的绝对动力，而是强调“市民”为实现现代化而做出的主体性努力。因此“市民社会”不是一个命中注定要被无产阶级最终推翻的“资产阶级社会”（在马克思主义意义上），而是一个由独立的市民通过自身努力构建的合理的社会关系网络，一个需要市民自身努力守护的东西。

基于这些前提，丸山和大冢认为，由于没有经历“自下而上的革命”，日本的“市民社会”尚未成熟，这导致了战前超国家主义的民族主义得以滋生。按照他们的观点，即使“市民社会”是西方创造出来的人为构建物，与传统的日本经济、社会体制不协调，也必须使其在日本确立起来。在他们看来，战败反而在某种程度上是一个脱离了以往亚洲的停滞状态，实现真正现代化、建立真正的市民社会的良好机会。

大冢在战后早期撰写的论文《现代日本的经济史考察》（1947）中表达了对战后日本实现“市民社会”的期待，他写道：“战败和投降作为转折点，世界史的进程必然压倒国内史，开辟出广阔且崭新的上升展望（可能性）。在这种情况下，一直包围我们的旧秩序正在日渐崩溃。”（摘自《大冢久雄著作集》［『大塚久雄著作集』］第六卷，岩波书店，1969 年，第 304 页）。

丸山在《日本的民族主义》（1951）中指出，西欧国家的民族主义由于与民主化结合，因此实现了健康发展，而与此相对的是，日本以强调“富国强兵”为最高目标，单方面自上而下地推动现代化进程，导致“国民大众生活基础的现代化”在速度和程度上都明显滞后。在此基础上，丸山强调通过培养作为政治责任主体的现代公民（citoyen）来实现理性化民族主义的必要性。虽然丸山等人并不像正统马克思主义者那样明确设定了贯穿于日本和西欧的普遍历史发展法则，但他们一直以来都坚持以现代西欧为标准，进而指出日本现代化和民族主义之间的扭曲。

丸山和大冢的这种论述方式逐渐成为被称为“市民派”的非马克思主义左派对“战前民族主义批判”的一般性框架。随着马克思主义左派逐渐式微，可以说，市民派式的论述已经在日本左翼的民族主义批判论中占据了某种程度上的主导地位，当然前提是这种讨论仍然成立。市民派的问题设定看起来与德国的情况相似，但正如之前所述，德国作为位于西欧核心地域或至少周边地域的国家，可以通过脱离标准现代化的“特殊道路”的形式展开讨论。而相比之下，日本在明治维新后突然接触到“西欧”，因此无法避免地被视为“特殊”的存在，二者的区别是决定性的。

对于德国的左翼自由主义来说，西欧式的“市民社会”不仅仅是一个概念，还是一条通过欧洲一体化进程等方式，成为他们自己可以选择的具体道路。然而，对于日本的市民派来说，尽管他们做出了种种努力，但“市民社会”始终是一个难以触及的、纯粹由“外部”施加的“理想形态”。

我并不打算从德国更接近西欧式的市民社会、因此比日本还是“略胜一筹”这一传统角度来做轻松的论述。但是至少我想指出，日德两国对于自身与理想形态的“市民社会”的距离这一感知上的差异，在二者关于战后责任问题、围绕“国家形态”的讨论等其他战后思想议题中也得到了反映。

正如被称为市民派元老级人物的丸山本人常常承认的那样，当西欧式的“市民社会”被作为范本引入日本进行讨论时，话题往往会变得很抽象，趋向于一种与民众生活基础毫不相关的崇高理念。当然，无论针对的话题是具有具体性，还是仅仅是就观念进行讨论，无条件地肯定西欧式的“市民社会”是否恰当这个问题本身就是值得思考的。近年来，在德国和日本关于后现代的讨论语境下，将“市民社会”等同于“现代化”的论述都受到了批判。

但是，德国是将“市民社会”这一范本置于邻国，以及“自身历史中的某一局面”之内，沿着具体的政治和经济议题去思考与其同化的可能性。相比之下，“市民社会”在日本最初并没有太多具体的内涵，只是像一个观念性的乌托邦［“utopia”一词的希腊词源“utopos”意为没有（u-）特定的“地方(topos)”］。因此，尽管在类似的批判论调下，德国和日本都在探讨“市民社会”的概念，但在现实性方面却有着相当大的差异。

“历史学家之争”与身份认同

1986 年夏至 1987 年末，德国爆发了一场被称为“历史学家之争”

的大辩论，在日本也广为人知。虽然这场辩论的名称中出现有“历史学家”几个字，但其内容并不仅限于历史学的方法论或者关于历史事实认定方法的技术性讨论。相反，这场辩论更多是围绕如何基于已知历史事实，理解自国历史“历史观”的相关问题。参与辩论的人物不仅仅是狭义上的历史学家，还包括哲学家、政治学家、记者等，范围相当广泛。

辩论的起因是保守派历史学家恩斯特·诺尔特（Ernst Nolte，1923—2016）于1986年6月发表在《法兰克福汇报》上的一篇名为《不愿过去的过去》的文章。在这篇文章中，诺尔特讽刺德国的左翼知识分子过于特殊地看待“纳粹主义的过去”，似乎德国永远无法摆脱这个过去的诅咒。他主张，就像其他历史过去一样，“纳粹主义的过去”也应被客观地讲述。

他在文章中提到，在纳粹施行“最终解决方案”之前不久，由斯大林领导的苏联布尔什维克政权，开启了“亚洲野蛮行径”——实施了对“资产阶级”（被贴上“资产阶级”标签的人们）的阶级清洗。他暗示纳粹主义的种族灭绝思想有可能是受到这一事件的冲击，即纳粹担心德国人不知何时可能也会成为这种“亚洲野蛮行径”的受害者，因而为了保护自己的安全，将目光转向了可能对德意志民族构成威胁的东欧犹太人，对其进行消灭。因为苏联领导层并非以犹太人为中心构成，所以这种推理在某种程度上听起来有些牵强，但如果随着希特勒等人的思路将苏联的“亚洲野蛮行径”与犹太人的威胁联系在一起，那么这一观点也不难理解。

尽管诺尔特并非企图利用苏联大清洗的冲击来为纳粹罪行辩护，但至少可以确定的是，他想通过二者的对比，使历史相对化。在当时的德国政治文化中，纳粹大屠杀被认为是历史上独一无二的事件，至少德国人自己不能将其与其他情况进行对比，这在当时被视为是挑战禁忌的言论。对此，现代德国最有影响力的哲学家，也是左翼自由主义的代表性辩手尤尔根·哈贝马斯（Jürgen Habermas，1929—　）在同年 7 月 11 日的《时代周刊》上发表题为《一种损害赔偿方式：德国现代史书写中的辩护倾向》的文章，其中指出近年来德国现代史研究领域崛起一批新保守主义历史学家，除了诺尔特外，还包括安德烈亚斯·希尔格鲁伯（Andreas Hillgruber，1925—1989）、米夏埃尔·施蒂默尔（Michael Stürmer，1938—　）、克劳斯·希尔德布兰特（Klaus Hildebrand，1941—　）等。他们试图通过修正主义的历史叙述将纳粹大屠杀解释为历史潮流中不可避免的事件，参与其中的个体是没有任何办法的。在此背景下，一直以来主导纳粹研究的历史学家（其中一些人在十年后的“戈德哈根之争”中反而否定对反犹主义的过度评价），如，埃伯哈德·雅克尔、汉斯·莫姆森、尤尔根·科卡（Jürgen Kocka，1941—　）等，他们联合起来批判新保守主义和修正主义的历史叙述。被批判的一方也反驳强调，哈贝马斯等人持有一种特殊的历史观，即将纳粹主义像神话一般过度地夸大为邪恶的化身，从而使得一切逸脱这种“正确历史观”的政治态度都不被容忍。

在这场争论中，虽然存在一些争议点，但历史学家们的主要关注点在于将纳粹大屠杀和斯大林大清洗进行比较的叙述方式是否合理，而哈贝马斯关注的焦点则在于诺尔特等修正主义者背后的“隐含意图”。这是一种试图恢复德国国民历史身份认同的意图，而这种认同感被认为因为“唯一的一件事”——大屠杀而中断。这种所谓国民的身份认同感被中断，或者说认同感的恢复，对于相对轻易被允许延续国民国家这一状态的日本国民而言，是抽象而难以理解的。但是，对于身份认同所依据的国民国家已经解体的德国人来讲，这却是一个相当现实的问题。

正如前文所述，德意志联邦共和国的确立依据了一项重要前提，即纳粹大屠杀相关的一切都被摒弃，绝不容许其复苏。在这一点上，它时刻会受到来自法国、美国的严密监视，因此即使在战前的政治传统和文化中存在一些值得德国国民引以为豪的元素，但只要其中稍有与纳粹相关的迹象，都会导致这些元素无法获得公开正面的评价。

例如，在 1848 年三月革命前后出现了一场由一般民众发起的“自下而上”的市民社会运动，旨在建立统一国家，寻求政治自由。这可以被称为德国固有的自由主义传统。然而，一旦过于直白地提及这些，就可能被指责为是在支持第二帝政，肯定作为纳粹主义温床的大众民族主义。如果拿德国与其他西方国家明显不同的政治文化作对比，就很可能被左翼自由主义知识分子质疑是在肯定纳粹。为了消除不能将独特的国民传统作为身份认同依据的沉重感，诺尔特等人似乎试图对这份沉重感的核心事件纳粹大屠杀进行“历史化”，以减轻这份沉重感，从而可以使德国国民重新确立身份认同，这便是哈贝马斯的理解。

如果能将纳粹大屠杀相对淡化为“历史上发生过的某一事件”，就像其他国家的历史中出现的类似情况一样，那么或许可以从德国近代史中挑选出积极的要素，以此为基础重新构建德国国民的身份认同。哈贝马斯认为，在修正主义的背后，存在着这种民族主义的期望。然而，诺尔特等人自己认为，过于突出这种政治意图可能会对他们不利，因此他们巧妙地避免了直接就国家认同进行正面辩论。因此，仅从论争字面本身来看，诺尔特等人与哈贝马斯之间对峙的焦点并不容易看出。

“宪法爱国主义”和“护宪和平”

哈贝马斯对德国回归到国民身份认同的历史形态持警惕态度，他将自己在国民政治认同方面的立场称为“宪法爱国主义”。“宪法爱国主义”，正如其名称所示，是鼓励“热爱国（家）”的思想，但这种“热爱”的基础并非是作为文化和语言共同体的“国民”所共有的历史、传统和惯习。应该成为“热爱国家”根据的，不是政治“以前”的要素，而恰恰是对规定自己所属“国家”政治体制的“宪法”基本原则的同意和忠诚，这是这种观点的核心。

为什么“宪法”如此重要呢？因为“宪法”等同于“国家体制（Verfassung）”，至少在形式上是基于选择它的人民（国民）的政治“共识”。人们必须忠实于自己自觉选择的规则，但也并不是说不会受到没有明确选择的、单纯惯习的束缚。

在德意志联邦共和国的“基本法”中，除了市民的政治和经济自由外，还明确规定了抵抗权、对难民的庇护、设立宪法法院、为防止因小政党分立导致政局不稳定而设立的内阁不信任案的提出条件等。这些基本法规是由作为构成“共和国”的政治共同体“国民”自主选择的。这种独立于已有的传统，基于对自己主动选择的“国家形态”的挚爱而萌生的身份认同，被哈贝马斯称为“后传统身份认同”。

创立了德国“国民”理论原型的历史学家弗里德里希·迈内克（Friedrich Meinecke，1862—1954），在他的著作《世界市民主义与国民国家》（1907）中指出，欧洲的“国民（Nation）”概念涵盖了两个含义：一个是基于共同的文化、历史和语言的共同体，即“文化国民”；另一个是共享一个国家，并遵循其法律和政治体制的共同体，即“国家国民”。然而，哈贝马斯则在很大程度上抛弃了前者的意义，探寻摆脱先前传统的、纯粹作为“国家国民”的存在方式。在维持“国家国民”的凝聚力方面，可以将基于对自己的“宪法”的自豪感，即“宪法爱国主义”思想视为原动力。

无论如何，从作为“国家国民”的政治认同中剥离传统元素并非易事。所谓“传统”，本来就不是决意脱离就能立即脱离的。

迈内克将法国作为“国家国民”的典型提出，法国自 1789 年革命以来多次更改“宪法（国家体制）”，每次都形成了新的政治文化，国家与国民的关系也随之变化。但是，即使如此，如果没有对法语、法国文化的情感依恋，对天主教的信仰，以及对继承法兰克王国以来历史传统的自豪等传统要素，恐怕也无法展现出如此团结的“国民”形象。

即使是像美国这样原本是殖民地并有多个民族的国家也是如此。这些民族在一个地区定居下来，建立共同体一起生活。在这一过程中，各种各样的传统和惯习会逐渐形成，虽然未必都被明确规范化，但它们都会对正式的政治和法律形成一定的制约。这就是“国家国民”逐渐转向“文化国民”的过程。也有一些国家，比如日本，就将天皇制等传统元素纳入到新制定的“宪法”中。对于大多数实际存在的国家来说，仅仅凭借“宪法爱国主义”的理念构建国民身份认同是难以想象的。政治和文化难以完全分离。

然而，西德在国家建立之初便将断绝一切与纳粹主义相关的过去的传统设定为目标，因此，西德面临的问题与那些依靠过去的政治传统来建立的“正常国家”不同。正如前文所述，西德的国家建立与“对纳粹大屠杀的反思”紧密相关。甚至可以这样来理解，正是为了防止纳粹主义再度复活，封堵住可能成为纳粹源泉的德意志民族主义的发展道路，才采用了“基本法”作为新的框架。

从文化角度来看，德国国民仍然是一个共同体，他们使用德语，热爱歌德的文学、康德的哲学和贝多芬的音乐。然而，人们长期以来已经形成了一种“共识”，即不能将与民族意识相关的意识形态元素引入联邦共和国的“政治”舞台（尽管这些国民文化可能在某种程度上与民族意识相关）。

当然，在现实政治制度方面，例如官僚机构等，仍然保留了不少战前的特点，但至少在理念上，“去纳粹化”是战后德国政治的一贯课题。即使是保守派的政治家和知识分子，也都回避在任何程度上肯定纳粹时代的政治文化。甚至连被认为是纳粹第三帝国向往模式的俾斯麦第二帝国，也很难得到肯定的评价。正是由于存在纳粹大屠杀这一沉重的历史事实，才要热爱、维护目前排斥纳粹主义的“宪法（国家体制）”，这才是一种合理的逻辑。

哈贝马斯对诺尔特等人的修正主义抱有警惕态度，是因为他认为他们试图削弱宪法爱国主义所承载的大屠杀的重要性，从而让战前的传统身份认同再次复活。在哈贝马斯看来，就宪法爱国主义而言，将大屠杀视为历史上唯一的事件继续保持对其的记忆，不仅仅是道德和伦理问题，而且在维护共和国的“宪法（国家体制）”方面具有极其重要的政治意义。他的观点可以被看作是将“捍卫在非纳粹化国家背景下成长起来的（西欧式）市民社会”这一德国左翼自由主义信条，在哲学上进行了重新定义。他试图捍卫这种立场，防止过度强调传统而削弱了对大屠杀的记忆，并将这一记忆作为维护现代国家体制的核心价值。

如此一来，试图将维护国民自主选择（至少在形式上的自主选择）宪法的行为作为身份认同的基础，这便是以哈贝马斯为代表的德国左翼自由主义的宪法爱国主义。不难发现，这种宪法爱国主义与日本革新势力，如社会党（现称社会民主党）和共产党所提倡的“维护宪法和平主义”有相似之处。当然，它们的共同点在于试图从宪法出发唤起从左翼方向出发的爱国情感，然而两者之间存在着重要的区别。具体而言，宪法爱国主义强调与纳粹过去的决裂，而维护宪法和平主义的重心则在于宪法第九条关于放弃战争的部分（德国基本法明确规定了国防军的作用），而非与大日本帝国的决裂。反对复兴曾引发侵略战争的体制与反对侵略战争本身似乎从“结果”上看是相同的，然而，我认为这种“结果”背后的思想却有着相当大的不同。

如前所述，《日本国宪法》保留了战前最核心的部分天皇制，而日本的革新势力若主张“维护宪法”，就不可避免地会陷入维护旧体制痕迹的立场。尤其是共产党明确反对天皇制，因此这显然是一个矛盾之处。当然，革新政党也有他们不得已而为之的理由。稍微示意可能存在“修改宪法”的可能性，就会给掌握政权的保守党派提供以修改宪法第九条为主要目的的“修宪”口实。因此，他们只能一直采取默认天皇制的战略。在他们的价值观中，维护宪法第九条比废除天皇制并完全与过去决裂更为重要。

不仅如此，革新势力担心事态会发展到对宪法第九条进行修改的地步，因此一直采取拒绝修改任何宪法条文的态度。继承吉田茂（1878—1967）思想的主流保守派则倾向于认为专注于在美国的保护伞下实现经济增长比自己使用军事力量来展示国家声威更为明智。因此，左右两派同床异梦式的“以维护九条为首要任务的宪法保护”模式一直持续至今。相较之下，德国在坚守“基本法”骨干框架的同时，在应对国内外形势时多次对其进行局部修改，因此其作法并非将特定条款奉为金科玉律、其他部分也一字不改式的“维护宪法”。

在日本独特的背景下形成的“维护宪法”思想，从积极的角度来看，贯彻了坚持绝对“和平”的立场，但从消极的角度来看，却是一种“一国和平主义”[1]。即使是保留了日本传统的“国家形态”，只要最终不被卷入战争，这似乎就足够了。由于韩国和中国一直对日本军国主义的复苏保持警惕，因此迄今为止，“一国和平主义”在日本运作得相当顺利。而德国曾处于东西方对立的最前沿四十年，随时可能被卷入周边爆发的战争，所以即便是左翼，也很难采取“一国和平主义”的立场。

1　日本语境下指只关注本国不被卷入战争，本国和平，本国国民安全的和平主义。

实际上，德意志联邦共和国通过将自己的国防军全面纳入北大西洋公约组织的框架，解除了周边国家的警惕感，同时也参与了集体安全保障活动。即使是进行反战和平运动，如果没有横跨整个欧洲的反战和平构想，也是不现实的。因此，像日本那样纯粹的“内向化”讨论就没有多大意义。在东西方局势持续紧张的背景下，如果让德国联邦军脱离北约，寻求“德国单独的和平”，反而可能会陷入“危险境地”。德国的左翼自由主义在明确承认德国在军事和外交上是“西方”一员的事实之后，以与其他西欧各国水平相当（就其理想状况而言）的“市民社会”为基础，阻止国内政治文化再次向扩张性民族主义倾斜，这便是他们采取的战略。

后传统身份认同

哈贝马斯的宪法爱国主义论不仅是直接以封禁纳粹主义为焦点的论述，而且还有更积极的一面，即创造出“后传统身份认同”。他展开这一积极方面的论述是在柏林墙倒塌（1989）和随之而来的德国迅速再统一的1990年代。在此期间，德国知识分子分为两派，一派是以君特·格拉斯为代表的反对派（主要是左翼），认为再统一有复活扩张性民族主义的风险，另一派主张以再统一为契机，使德国回归到“普通的国民国家”（主要是右翼）。

后一派的代表性人物是文学评论家卡尔·海因茨·博雷尔（Karl Heinz Bohrer，1932—2021），他主张摆脱托马斯·曼的批判束缚，重新恢复德国浪漫主义作为德国独特的思想和文学传统的地位。

博雷尔在1990年1月13日《法兰克福汇报》上发表一篇题为《为何我们不是国民：为何我们应成为一个国家的人》的文章，他严厉地批评了西德左翼知识分子总是执着于将东德作为“未被资本主义污染的乌托邦”从而怀有的乡愁情结，他认为这些左翼知识分子跟不上都市现实，就选择逃避，这种行为是德国乡巴佬心态的表现。博雷尔讽刺左翼人士一直以来都在批判浪漫主义的乌托邦式的逃避现实，但当面临“再统一”这个实际情境时，他们自己却选择以乌托邦的方式逃避现实。

面对左翼经常提出的“一旦形成统一国家，就会再次走向从第二帝政到纳粹的道路”的论点，博雷尔提出了以下反驳观点：①俾斯麦在位时期帝国的外交战略起初具有很强的防卫性，旨在通过外交实现稳定。因此，形成统一的国家并不会立即导致扩张；②俾斯麦退位后，扩张的倾向逐渐显现。这是由于德国周边的欧洲政治环境，以及德意志民族自身作为后进国家的复杂情感所致，与当下德国作为欧洲一体化中坚力量的现状完全不同；③第二帝国时期的德国并不是唯一走向扩张性民族主义的国家。19世纪，英国、法国和俄罗斯等国家也出现了与帝国主义相连的民族主义浪潮。

博雷尔不同于历史学家辩论中的修正主义者，他并未试图将纳粹大屠杀相对化，也不认为“再统一”会重拾昔日强大的民族身份认同。相反，他以典型的德国文学评论家般清醒的态度看待“统一的德国”，嘲讽认为统一后的德国可能再次走向纳粹主义的“左翼浪漫主义特质”。然而，与此同时，他对哈贝马斯的“宪法爱国主义”也表示出反对。哈贝马斯的“宪法爱国主义”寄希望于现今德意志联邦共和国中正在孕育出的新政治身份认同。尽管作为理念，这或许并没错，但博雷尔批评这一理念与当今德国的实际情况不符。在他看来，将文化和历史因素从狭义的“政治”中排除是不可能的。

为了回应这种“批判”，哈贝马斯在1990年出版的论文集《迟来的革命》中收录的题为《再论德国人的身份认同》的文章中，从自己的“宪法爱国主义”观点出发，阐述了他对东西德统一的基本看法。哈贝马斯认为，通过优先强调经济利益（德国马克和民族主义）来逐渐推动统一进程，可能会破坏一直与纳粹斗争的“联邦共和国”四十年以来的传统。他对此表示了警惕，但并不是格拉斯等人那样的坚决反对者。

他主要关注的问题是，“再统一”的政治决策程序并没有依据原本“基本法”所设想的“国民”共识进行。最初作为克服东西分裂状态临时性“宪法”的“基本法”第一百四十六条规定：“这部基本法在德国民族以自由决定所确立的宪法生效的当日失去效力。”简而言之，在“再统一”过程中，不仅包括原西德市民，也应该将原东德市民一并纳入，以全体“国民”的形式重新选择正式的“宪法”。哈贝马斯的“宪法爱国主义”的核心在于，“我们（国民）”基于一致同意制定的“宪法（国家体制）”要求“我们（国民）”忠诚地对其加以遵循与维护。因此，没有反映原东德市民意愿而制定的“基本法”原封不动地成为统一后德国的“宪法”，这是不合理的。

然而，在现实政治实施过程中，“再统一”是通过利用规定州“加入”联邦构成的第二十三条，在东德迅速恢复州制度后，采取了将五个新成立的州逐个纳入的方案而完成的。这种做法并非在新的“宪法（国家体制）”下重新整合，而是采取了一种单纯的“合并”形式。

哈贝马斯之所以强调构建新“国家形态”的相关程序，是因为他认为构成国家的市民有必要自己来制定确立“宪法”的形式。在日本，仅在宪法的条文中标明“国民主权”，人们便会倾向于认为国民主权的原则已经确立。但德国之前曾拥有民主的魏玛宪法，却依然在遵循宪法所规定的“规则”（尽管对于什么是规则可能有些模糊之处）的基础上发展出了纳粹主义。因此，在德国这样拥有如此一段历史的国家中，仅靠抽象的规定是不够的。在这种情况下，为了确保国民主权不仅仅停留在概念上，需要建立各种制度，使国民能够自主重新制定“宪法（国家体制）”，并使其正常运转。

事实上，基本法本身包含了就联邦领土重组的居民投票和问卷调查的相关规定，个人直接向宪法法院提起诉讼的权利和抵抗权，以及意味着可以重构宪法本身的第一百四十六条，等等，这些规定至今未被删除。这些写进基本法的、将国民主权实质化的规则与在各政党政策形成过程中部分纳入的市民参与要素，以及在联邦共和国的开放宪法下自发形成的各种市民运动结合在一起，形成了围绕宪法进行综合讨论的场域，这对于以“宪法”为中心的“国民”形成具有本质上的重要意义。

哈贝马斯将通过各种宪法对话过程获得的动态特性的国民主权形态称为“沟通的流动化主权”。哈贝马斯之所以对东西德统一持批判态度，是因为他担心通过强行适用某些宪法条款，可能会导致支撑联邦共和国宪法爱国主义的支柱之一，即第一百四十六条，被削弱和空洞化。

在论文中，哈贝马斯进一步指出，传统的国民国家观念无法适应由于欧洲一体化推进，以及外国劳工和移民增加等导致的国家框架正在变革的现状。在经济和政治上，国民国家的范式不可避免地逐渐相对化。然而，尽管德国人的身份认同不断多样化，但若反其道而行之，复兴文化国民的观念的话，则可能导致“德国人”与“非德国人”这种对立结构凸显，进而有催生排他性民族主义的风险。基于“宪法爱国主义”的后传统身份认同是德国在面临政治、经济、文化（超越了国民国家框架）多元化情境的一种应对思维。

东西德统一后，正如哈贝马斯所担忧的那样，以原东德地区为中心，一些年轻人对以欧洲一体化为优先目标的政府制定的经济、财政政策抱有不满，形成新纳粹主义，主张排外的民族主义，这种现象正在扩大。除了持续存在的东西德内部差距，财政压力导致政府不得不调整养老金政策，以及劳动力市场全球化造成国内就业市场的空洞化，这些问题都导致了“只要是德国人，就会受到国家保护”的安全感崩溃，不安情绪不断扩散。作为这种现象的逆向体现，社会上出现了排斥非德国元素、试图重塑（哪怕只是虚拟的）“德国身份认同”的趋势。

1990 年代，吸收了倾向于民族主义的国民的不满情绪，新保守主义和修正主义阵营开始壮大。其核心是被称为“八九一代”的相对年轻的人们。他们出生于 1950 年代后期，与受到 1968 年学生运动影响而左倾的“六八一代”形成鲜明对比。“八九一代”的“告白”宣言表明，正是从 1989 年柏林墙倒塌到复兴统一国家的一系列事件激发他们产生了“作为国民的自觉”。

他们主张，作为再度崛起的国民国家，德国应当超越纳粹的历史包袱，回归其本来的面貌。现代史学家雷纳·齐特尔曼（Rainer Zitelmann，1957— ）和卡尔海因茨·魏斯曼（Karlheinz Weißmann，1959— ）被视为“八九一代”的先锋，他们编辑了一本名为《西方融合：德国的机遇与风险》（1992）的论集。在这本书中，他们对阿登纳的外交政策提出批评，认为其外交政策是将德国统合在西欧范围内这件事放在德国自身的统一和复兴之上，结果导致德国文化的“西方化”。他们主张德国应当恢复其本来的定位，即作为一个位于“中欧”的国民国家，扮演连接东欧和西欧的中介角色。他们认为，如果处于中间位置的德国过于向西欧倾斜，失去了其独特的政治文化传统，那么反而将会给包括东欧在内的整个欧洲范围内进行的融合带来障碍。

尽管他们与排外的民族主义和新纳粹主义划清界限，但否定试图以西欧型市民社会作为普遍模板的哈贝马斯，他们认为哈贝马斯的理论是空想式的。按照他们的说法，消除传统和种族元素，单纯基于宪法爱国精神构建身份认同是不可能的。

哈贝马斯等左翼自由主义阵营基于宪法爱国主义构建的后传统身份认同理论与新保守主义、修正主义阵营提出的国民国家的传统身份认同复兴论之间的辩论，以各种不同形式一直持续至今。虽然德国完全恢复到传统意义上的国民国家几乎是不可能的，但即便如此，不可否认德国依然是一个以使用德语的德意志族群为多数派构成的国家，因此问题很难得出结论。在后现代思潮的背景下，对普遍推广以英法作为标准的西欧式市民社会的批判日益增强，这也导致单靠试图通过市民社会的理性压制潜藏在传统身份认同中的野蛮的可能性——这一哈贝马斯式的论述，不再足以解决问题。

不可能成为代理战争的“教科书问题”

以哈贝马斯的宪法爱国主义为主线，从 1980 年代末开始展开的关于德国身份认同的争论，反映了德国这一国家的“国家形态”尚未定型，仍存在变动的余地，因此可以将其视为一种必然发生的争论。因为对于德国而言，什么是“正常状态”已经变得不太清晰。

在 1990 年代初的日本，为了应对冷战体系的解体，小泽一郎（1942—　）等保守派政治家提出的“正常国家论”曾一度流行。然而，这种论调似乎仅仅停留在口头上，很少引发实质性的讨论。所谓的“正常国家”原本是指为了积极协助美国构建新世界秩序的战略，将重点置于实现弱化宪法第九条限制的安全保障政策，而并非直接涉及国家的文化和历史形态问题。因此可以说，它并没有发展成为涉及国家本质的深刻哲学性讨论。实际上，由于日本在军事上正朝着成为一个“正常国家”的方向迈进，保守派政治家可能不再需要特意强调这一点。考虑这并非本书主题，我们将不深入讨论这个问题。

正如之前反复提到的，在日本，战后一直维持着（包括天皇制在内的）“国民国家”的框架，因此很少重新讨论国民身份认同与“宪法”的关系。进入 1990 年代后，围绕冲绳、阿伊努、在日韩国及朝鲜人等问题，有关日本是否能被视为“国民国家”的争论开始出现。然而，这些讨论似乎并没有与“宪法”的框架联系起来展开。不是作为一个沿袭战前传统的“国民国家”，而是单独将“宪法”作为身份认同基础，这样的论述在日本似乎并不太具有现实性。与战后“国民”的边界线发生相当大变化的德国不同，即使没有特别意识到“宪法”的存在，绝大多数日本人似乎都不假思索地认为“日本国民”作为一个集合体的存在是稳固不变的。

社会学家宫台真司（1959— ）从 1990 年代末开始，对将“国粹”与“爱国”朴素地等同为一的明治时代以来的日本民族主义中固有的地方心态提出了批评，他称其为“乡巴佬”式的观念，并提出了以自由主义精神为基础的“宪法爱国主义”民族主义。然而，他目前尚未明确阐述具体内涵，似乎仍停留在批判性口号的层面，未能超越这个范围。

自 1990 年代以来，日本的思想界也开始在各种层面上进行有关民族主义、国民国家和单一民族神话等的讨论。然而，其中很多讨论都是介绍西欧的论点，或者关注特定历史事件和人物的解释，这些讨论的范围相对有限。与德国的历史学家之争、再统一之争，以及戈德哈根之争等不同，日本很少看到涉及多个领域知识分子，以历史为基础追问国民身份认同的根本性讨论。如果一定要提及的话，恐怕只有两次：德国文学研究者西尾干二、教育学者藤冈信胜（1943— ），以及政治学者坂本多加雄（1950—2002）等人在 1997 年创立的“新历史教科书编撰会”的活动，引发了一系列有关教科书和爱国教育的问题与争论；从 1995 年至 20 世纪末，哲学家高桥哲哉（1956— ）与文学评论家加藤典洋（1948—2019）之间断断续续展开的“战败后论争”与“战后责任论争”。

在前者的“论争”中，西尾、藤冈等人认为，战后日本的历史教育，特别是现代史部分，被占领军强加了“自虐史观”，只强调殖民统治和侵略战争这些负面内容，主张建立摆脱占领军束缚的“自由主义史观”。他们试图从教科书中剔除像从军慰安妇和南京大屠杀这种“自虐”元素，突出日本近代史积极的一面，他们以推动学校教育一线采用这样的历史教科书为目标，为此在各地举办学习会等活动，旨在将其打造成一场国民运动。对此，重视慰安妇等问题的左翼进行了强烈的批判，指责这是“不正视历史”“导致战前民族主义复活”的行径。双方争议引发了广泛关注。最终，“新历史教科书编撰会”制定的中学历史和公民教科书在 2001 年和 2005 年通过了审定。虽然 2001 年的版本受到一定的限制，但已经在实际教育中使用。围绕“新历史教科书编撰会”制定教科书的争议，以及围绕是否应修改教育基本法以在学校教育学生“爱国”的所谓“爱国心教育”问题，右翼与左翼正面对抗，一直持续争议至今。

从某种意义上说，这确实是涉及国民身份认同的争论，但掀起这种“论战”的西尾、藤冈等人并没有展示出与传统完全不同的身份观。我认为，他们主要是试图改变面向儿童的教科书的叙述方式，使其呈现得对日本而言更加正面，这仅是试图通过改变叙述方式，而不是通过无中生有改变叙述内容来呈现一种（面向包括成年人在内的）全新的、综合的历史观。由于问题的重点在于审定对象是中学教科书的写作方式，所以在某种程度上，这是无可避免的。然而，就其从幕末以后的现代化和大陆扩张（殖民政策）的整体轮廓来看，提及的内容与其所针对的“自虐史观”相比并没有太大差异。而关注如何将这样一段本国历史进程书写得令儿童们产生共鸣，可以说是一个相当细节层面的讨论。

西尾干二所著的《国民的历史》（《产经新闻》新闻服务，1999）被认为是推动修改教科书的“新历史教科书编撰会”的“历史观”的集大成之作。其中，西尾面向传统的学术性历史学领域提出了一些问题，例如，将古代日本视为毫无抵抗地接受中国汉字文化的表述是否合适，以及是否过于字面地理解江户时代的“锁国”等。西尾干二只是从历史学外行者的角度提出了这些疑问，但并没有引入可以完全改写日本历史的新史实。我认为，对于几乎相同的“历史”内容，是否产生好印象取决于价值观，这不是通过强制“教导”可以实现的。当然，同样的话也可以说给那些与“新历史教科书编撰会”正面对抗的许多左翼历史学家和教育评论家，他们主张应该向孩子们传授“正确历史”观的前提也是一样的。

日本不像德国那样在宪法爱国主义与国民国家之争方面，或者在西欧式市民社会与作为中欧国家独特发展道路之争方面，围绕“历史与国民身份认同”有着明确的对立。因此，国内的左右双方无法基于这些对立来审视教科书的叙述，便容易导致对相同事件作出的不同评价都带有启蒙主义式的强硬与武断。在德国，不存在全国统一的教科书审定制度，因此，很难想象日本这种不顾植根于（成年人）国民身份认同的历史观问题却以教科书作为舞台，围绕其表达技巧上的问题而展开“代理战争”（“战争”的本体是否真实存在尚不清楚，也许也难以称之为“代理”）的情况的出现。

如果皇国史观和唯物史观在战争与国民身份方面存在对立，那么可能会形成明确的历史观对立。然而，由于双方都不太可能直接诉诸过去的意识形态，因此我认为他们可能目前主要还是在争夺尚未确立价值观的孩子们。

“战败后论”的“扭曲”

在“战败后论争”中，开始时似乎提出了“历史与国民身份认同”相关的重要问题，但很快话题就偏离了这一点，导致讨论趋向狭隘。这一现象的开端可以追溯到加藤典洋于 1995 年 1 月刊登在《群像》杂志上的论文《战败后论》。

在这篇论文中，加藤主张，虽然战败已经过去了五十年，但日本仍未从由人格分裂状态引发的“扭曲”中解脱出来。这里的人格分裂具体指的是保守派（修宪派）与革新派（护宪派）之间的对立结构。然而，单纯的左右对立并不是战后日本特有的现象。加藤关注的问题在于，不论是修宪派还是护宪派，他们的主张内部都存在矛盾，无法彻底坚持自己的论点。修宪派主张修改由美国强加的占领宪法，以拥有独立自主的宪法，但与此同时，他们并不想脱离日美安保体制的框架，反而试图强化日美关系。从这个意义上说，无法称其为真正的“独立自主”。相反，护宪派虽然对外试图以宪法第九条为基础，摆脱日美安保体制，但他们不能自豪地宣称其保护的宪法是由自己国民亲手争取得来的。简言之，就是对内强调对美国的独立性、对外却存在对美国的依赖性的修宪派与对内存在对美国的依赖性，对外却强调对美国的独立性的护宪派，这样的双方所产生的“扭曲”。双方都存在内外矛盾的态度，无法对日本这一政治共同体进行全面的描绘。由于这种人格分裂的存在，日本既无法对过去的问题做出明确的道歉，也无法在国际关系中发挥自主性。

加藤认为，造成这种人格分裂的根本原因在于现代日本仍未能充分摆脱与战前的关系。护宪派主张对战争负有责任、应进行道歉，但他们试图将自己的身份认同与大日本帝国切割开来，因此即使他们做出道歉，也不代表日本国民整体上的道歉。而主张与战前传统有连续性的修宪派则将殖民统治视为历史的必然，所以并不打算道歉。

因此，加藤提出了一个建议，首先让日本“左”“右”双方一起为日本的战死者哀悼，从而明确他们和现在的我们之间的关系，之后再在这个共同的相扑台上，作为“日本国民”向全亚洲的战死者表示哀悼。这一做法将对日本三百万死者的哀悼“前置”于对亚洲两千万死者的哀悼。这种情况下所谓“先哀悼本国死者”，仅仅是指向对与战前的关系进行政治性清算的文学性表达，还是指“对靖国神社‘英灵’进行国民性祭祀”等具体的宗教仪式，不得而知，两者都有可能。但就我个人而言，如果是前者的意思，我认为讨论将具有建设性展开的余地，类似于围绕“大屠杀与宪法爱国主义”相关的哈贝马斯式的讨论。

然而，高桥哲哉却将其理解为后者的意思，对此进行了“字面上”的解读。他在同一刊物《群像》 3 月号上发表的文章《围绕耻辱的记忆》中，批评了加藤论述中隐藏的民族主义，他指出加藤的论证实质上是以对亚洲死者的哀悼为借口，试图美化本国战死者，甚至将导致他们死去的民族主义也合理化。高桥认为，即使作为以哀悼为目的的共同体，也不应该试图复兴国家意识，而是应该保持“耻辱的记忆，并继续为此感到羞耻”。

在受到这样的批评后，加藤在《中央公论》1997 年 2 月号上发表了题为《语气的问题》的文章，在其中他质疑高桥否定国家主义的同时却使用了“感到羞耻”的措辞，他认为“羞耻”是具有共同体意识的措辞，也就是指对自己人所做之事感到羞愧的表达。这导致之后两人的交锋转移到了更加细节的层面，如讨论加藤的真实动机是对参拜靖国神社合理化的民族主义，还是更强调共同体意识，等等。

随后，高桥与日本文学研究者小森阳一（1953— ）、法国文学研究者鹈饲哲（1955— ）和石田英敬（1953— ）三人联名，在 2000 年 8 月号的《世界》杂志上发表了题为《21 世纪宣言：脱离“寄生虫民族主义”！》的文章。该宣言旨在对抗日本 1990 年代以来出现的两种情况：其中一种是试图以寄生于美国的形式（半途而废地）主张自我的“自上而下的民族主义”（保守政治家们的“正常国家”论），另一种是“新历史教科书编撰会”和小林善范等人主张的“自下而上的民族主义”。该宣言呼吁建立既不沦为美国的从属，也不退回到国民国家的语境，而是面向世界开放的 21 世纪的国家战略。

既不是美国的从属，又不是民族主义，这种特殊的国家战略很可能如同宪法爱国主义一样，植根于后传统身份认同。然而，他们本身并没有详细阐述这种身份认同会是怎样的。此外，在宣言中，他们强调应该承认对侵略战争和从军慰安妇等过去的责任，但他们并没有明确阐明这一点与他们追求的新的“国家模式”有何种关联。如果坚决主张不应“回归”传统的“国民国家”说辞，那么谁将作为法律和政治“主体”

承担大日本帝国所犯罪行的责任？——这一加藤提出的问题再次浮现。即使不将哀悼对象的先后顺序作为一个问题，但是如果缺乏这样一种逻辑——作为现在日本国家构成者的我们以何种方式继承战前的责任，那么，就算向东亚国家道歉，也将不知道是谁，以什么样的资格道歉。

在那之后，据我所知，四位日本现代思想家似乎都没有对加藤的问题提出逻辑明确的答案。加藤本人在 1998 年 8 月号到 1999 年 6 月号的《群像》杂志上连载的《战后的思考》中，提到了德国的历史学家之争，并再次提及了“扭曲”的问题。不过，这一次，他只是指出了日本战后思想的各个方面都存在“扭曲”，并没有提供具体的解决方法。最终，他得出了一个近乎禅宗式的“结论”，即只有通过认识到战前和战后之间的“断裂”，才能看清我们与“战争的死者”之间的“联系”，尽管对我们来说，这种联系似乎是无法赋予意义的存在。如果是想以对“不连接”也就是“断裂”的明确认识为起点，建立新的身份认同，那么，他的观点很可能也是宪法爱国主义式的，与高桥的观点相差无几。但如果是这样的话，他这次专注于“战争死者”的理由将变得难以解释。哈贝马斯等人，以及德国左翼自由主义的侧重点在于对“历史上唯一的纳粹大屠杀（的受害者）”的记忆，而并非拘泥于对“本国战争死者”的哀悼。

在《战后的思考》中，加藤提到了三岛由纪夫（1925—1970）在小说《英灵之声》（1966）中所探讨的“发表人间宣言的天皇的背叛”问题，同时加藤指出战前的天皇制并不仅仅是为了统治而存在，还是一种将战亡者奉为英灵、进行神道式祖先崇拜的体系。就这一意义而言，以天皇制为核心的“文化国体”在某种程度上仍然存在，并且可能成为民族主义的象征，这一点也许是包括加藤本人在内的日本知识分子围绕“国民身份认同”的论述产生扭曲的原因。

尽管大日本帝国的“国体”在官方上已经解体，但其在以天皇制为核心的文化和宗教层面仍然存留，作为统合“国民国家”日本的象征，在政治层面也依然发挥着作用。因此，不论是从右翼还是左翼的立场来看，自身所站立的基点都变得模糊不清。曾经使日本成为国民国家的“核心”现在到底是死是活，如今都暧昧不清。因此，关于“日本国民”这个共同体的标准的讨论也变得不太明确。

第三章

马克思主义的“思想与实践”

作为思想武器的马克思主义

战后的日本和德国社会、政治思想的最大共通点，无疑是“马克思主义”。以马克思-列宁主义为基础建立的，以苏联为首的社会主义阵营一直存在到1990年代。在这一大背景下，除美国以外的西欧国家也同样持续受到马克思主义（这未必包括作为实现革命的实践哲学的“列宁主义”，而是一种广义的马克思主义）的影响。因此，马克思主义成为日德两国的共通点在某种程度上是理所当然的。然而，作为战败国的德国和日本，在某些方面与其他西方发达国家存在一些差异。

以美国为中心的西方国家在占领西德和日本时，为了清除这两个国家中旧有的极权主义政治文化，推行了彻底的“民主化”政策，并试图将其“整合”进西欧。然而，具有讽刺意味的是，在这种西欧整合与民主化的进程中，马克思主义作为“批判”法西斯主义的思想武器，其影响力大为扩大。日本共产党高呼“麦克阿瑟万岁！”的场面是经常被人提及的话题，其实在西德也存在类似的情景，尽管情况并非完全相同。

过去的主流思想无法阻止极权主义的扩张，人们对其的信任也随之受损，而马克思主义的地位相对上升，因为它有贯彻抵抗极权主义的态度，同时拥有以唯物论分析极权主义产生机制的工具。

当然，马克思主义的“批判”矛头也指向现代资本主义和物质文明的象征——美国。美国在德国和日本进行的西方化政策，实际上扩大了以马克思主义为核心的反美思想，这体现出一种讽刺性的逆向效应。

然而，西德和日本的马克思主义之间存在着决定性的差异。这是四个国家分割占领德国的结果，即西德面临着与东德这个马克思-列宁主义国家的直接对峙。对于在安全保障方面完全依赖美国、从而避免了与社会主义阵营直接对峙的日本而言，则完全没有产生过这样的紧张感。

正如前文所述，批评体制的德国知识分子中，选择在计划经济下进行社会主义建设道路的人们已经移居东德，因此留在西德的人们在立场上无法像东德的人们一样公开宣扬马克思-列宁主义。此外，在西德，根据基本法第二十一条第二款的规定，“在政党内部，从其目的或党员的行为来看，侵犯、破坏自由与民主的基本秩序，或者意图危害德意志联邦共和国存在的行为，均属违宪”。基于这一规定，联邦宪法法院于1956年下令解散了德国共产党（KPD），同样基于这一规定，在1952年时已经下令解散了新纳粹政党。因此，至少类似打倒资本主义的暴力革命、共产党领导下的社会主义建设等现实政治主张，暂且被搁置一旁，只得发展专注于分析资本主义运作机制的“马克思主义理论”。尽管西德是马克思的出生地和早期活动基地，或者说正因为如此，对待“马克思主义”才不得不慎之又慎。

在明确了自身与“马克思-列宁主义”有所不同的基础上，作为西欧市民社会内部批判性社会理论的“马克思主义”被确立了起来，并在西德批判性知识分子中发挥了哲学上的指导作用，这主要归功于以逃亡到美国的犹太裔哲学家和社会学家霍克海默（1895—1973）与阿多诺（1903—1969）为核心的法兰克福学派。

法兰克福学派的源头可以追溯到1923年成立于法兰克福大学的“社会研究所”。其中主要汇聚了一些犹太裔社会学家，在马克思主义研究的基础上，对哲学、社会学、历史学、心理学等相邻领域进行了跨学科的社会研究。与传统的马克思主义不同，他们试图摆脱简单的“经济基础决定论”——“基础（经济生产）”的发展阶段决定“上层建筑”（政治、文化等），尝试一种综合的研究路径，而非将一切都还原为狭义的“经济”。因此，他们的马克思主义被称为“新马克思主义”。他们批判性地分析了（特别是在资本主义社会中）学术领域的主导“理论”是如何形成的，揭示了支撑这些“理论”的社会和历史条件，从而开创了被称为“批判理论”的领域——如果以现代术语来讲，可以称为“元理论”。这个领域探讨了形成支配性“理论”的过程本身，揭示了构成它们的社会和历史条件，从而形成一种对意识形态的批判分析。在战前，法兰克福学派的核心成员除了霍克海默和阿多诺外，还包括弗洛姆、马尔库塞等人。

在1933年纳粹政权上台后，研究所转移到了伦敦、日内瓦、巴黎、纽约等地，继续开展研究和出版活动。随着1949年霍克海默和阿多诺回到法兰克福大学担任教授，该研究所于1950年重建。他们自战前起就对苏联式的粗糙的马克思主义持批判态度，这种马克思主义强调通过共产党领导下的无产阶级（工人阶级）的“革命性起义”一举夺取权力，而他们认为要对抗将大众化的无产阶级和左翼政党纳入了自身支配机制中的现代性国家资本主义，需要更为细致的分析。经历了在美国的研究生活后，他们回到了作为西方阵营一员的西德，并以大学教授的身份开始活动，因此他们的这一倾向得到了进一步强化。他们没有提出颠覆西德新市民社会的革命理论，而是专注于扮演“批判理论”的角色。在历史学家之争中，通过宪法爱国主义对抗修正主义的哈贝马斯是霍克海默和阿多诺的弟子，自 1970 年代以来，哈贝马斯接替二人领导了这个学派。

由于留在美国的马尔库塞等人的文明批判理论对标榜从文化面向展开“革命”的一部分日本新左派产生了影响，因此有人简单地将“法兰克福学派”等同于“倾向无政府主义暴力的极左派”。但是，至少在西德重建的法兰克福学派与通常意义上的“暴力革命”保持了相当的距离。他们意识到自身也被现代资本主义机构所裹挟，资本主义支配机制复杂地蔓延至社会各个角落，甚至渗透到他们自身的意识“内部”。他们专注于反思这一支配机制，并进行自我批判。这种思考方式或许可以被贬义地描述为内向的，不太能够产生积极性的消极思维模式。但从另一角度看，他们也充分认识到了自身难以迈向革命性“实践”的局限性。这一意义上的“批判理论”倾向在战后的西德社会中长期扮演了引领批判体制的社会思想的角色。因此，就与霍克海默、阿多诺的师承关系而言的、狭义的法兰克福学派的影响并不大。

法兰克福学派所代表的西德左翼社会理论家们始终将“马克思主义”视为一种批判性分析社会的装置，几乎从不轻易抛出马克思或列宁的名字，也不会草率地预测社会主义革命，或是将其作为革命的“方法论”来追求激进性。这种自我约束在法兰克福学派所代表的西德学者身上相对明显，而对于日本知识分子而言，他们所处的环境缺乏西德那样的紧张感，可以随心所欲地谈论马克思（列宁）主义，因此，他们似乎难以理解这种感觉。

在日本“一切皆马克思主义”

相较于德国左翼知识分子对马克思主义的谨慎态度，在日本左翼知识分子之中，“作为理论的马克思主义”几乎已经完全解禁了。我经常与（前）马克思主义学者一起工作，他们常说：“日本的马克思主义在实践方面完全不行，但在学术研究积累方面达到了世界最高水平。”虽然我认为马克思主义者不应该吹嘘这样的事情，姑且不论实际水平是否真的达到多高，但毫无疑问的是，在战后日本的学术界和思想期刊中，关于“马克思主义”的言论以极其多样化的形式展开，各种派别纷纷涌现，百家争鸣的状态一直持续到20世纪90年代。这可以被视为马克思主义思想的“自由发展”，也可以被视为“分散无序”的表现——由于分散无序，所以将其在思想史上进行归纳总结是相当困难的。

日本的“马克思主义”之所以呈现多样化的发展，可能是因为他们能够与作为革命理论的马克思-列宁主义保持一定的“适当距离”，这是由于一种特殊环境造成的。第二次世界大战后，在一些西欧国家，尤其是意大利、法国，马克思主义的影响一下子扩大了。在这些国家，马克思主义在战前已经在一定程度上渗透到民众之中，而且由于与苏联和东欧集团的军事对抗，是否接受马克思-列宁主义成了一个相当现实的问题。相比之下，日本在战前，马克思主义的影响只局限于一小部分知识精英，在战后，日本又免于与社会主义国家直接对抗。可以说在这种情况下，日本对马克思主义思想不具备“免疫力”，马克思主义以一种不太现实的形式，在观念上扩张的倾向非常强烈。换言之，他们没有清晰地认识到自己是由于被纳入以美国为盟主的西方自由主义（资本主义）阵营中，才得以享受当前自由的这一“现实”，这导致了对于一直作为禁忌之果的马克思主义的茫然幻想与期待。过去几乎没有接触过左翼思想，也没有参与社会运动，专攻自然科学或“纯粹哲学”的大学教员，在某种契机下出现了反体制意识的觉醒。而这即使在那些一直以来的左翼人士看来，也只不过是一种脱离现实的理想主义、极度美化了的“激进左翼思想”的化身。笼罩在战后日本的思想界整体上的不正是这样一种氛围吗？

在战前的日本马克思主义运动中，围绕着当时日本在唯物史观下的历史发展阶段，出现了“日本资本主义论争”。这场论争形成了两派理论对立的框架：一方是宣扬直接实现社会主义的“劳农派”；另一方是认为社会主义革命为时尚早，首先应该支持资产阶级（市民）革命取得成功，即主张“二次革命论”的讲座派。经历了战争期间的镇压后，这两个派别在战后重新崛起，分别与社会党和共产党结盟，扩大了自己的影响力。劳农派的主要思想家山川均（1880—1958）就日本工人组织化的问题，提出了被称为“山川主义”的独特理论。他与经济学家大内兵卫（1888—1980）、向坂逸郎（1897—1985）一起，在1951年创建了社会主义协会，后来成为社会党左翼最大的理论集团。曾经是劳农派的经济学家宇野弘藏（1897—1977）在战后成为东京大学社会科学研究所的教授，他在原理论、阶段论和现状分析这三个阶段上，形成了一套不同于传统的马克思-列宁主义的、独特的马克思主义经济学体系。由此形成了宇野学派，并至今仍保持一定的影响力。讲座派从战前开始便与共产党一直有着紧密的联系，其中包括经济学家山田盛太郎（1897—1980）、法学家平野义太郎（1897—1980），以及历史学家羽仁五郎（1901—1983）等，战后他们在各自的领域都扩大了影响力。

在狭义的“马克思主义哲学”领域内，曾参与1946年创建亲共派科学工作者团体“民主主义科学者协会（民科）”的东京大学教授古在由重（1901—1990）为唯物论哲学在学界的确立做出了很大贡献。以民科哲学部门为平台，属于正统派唯物哲学的松村一人（1905—1977）与受西田几多郎（1870—1945）影响，主张马克思主体观的梅本克己（1912—1974）展开了关于“主体性”的辩论。另有战前就已经偏离正统派，尝试结合西田哲学“场所论”和马克思“异化思想”来建构马克思主义经济哲学的梯明秀（1902—1996），以及在西田哲学视域下基于费尔巴哈思想建立人学唯物论的船山信一（1907—1994），此二人都是立命馆大学教授，其主张也都在学术界留下了一定影响。

在这些正统派与非正统派马克思主义阵营以外，还有一群性质相似的左翼知识分子也开始活跃，他们就是所谓的“市民派”，又称“进步派”。其中的典型代表包括政治思想史学者丸山真男、经济学家大冢久雄，研究日本人法律意识、专业为民法和法社会学的知名学者川岛武宜（1909—1992），以及受美国实用主义影响创办《思想的科学》杂志的鹤见俊辅（1922—2015）等人。这里所说的市民派与将社会主义革命作为下一阶段目标进行资产阶级（市民）革命的马列主义无关，它是对非马克思主义左派的总称，这群人的目标是通过推动市民运动对现有“市民社会”进行改革，并没有形成统一的意识形态。

像初期的丸山和川岛一样，市民派中的一些人在一定程度上吸收了马克思主义的分析工具，因此在理论界限方面并不那么清晰。如果遇上反战、和平这般典型的体制批判主题，他们也时常主张建立市民派和马克思主义各派的共同战线。除此以外，还有类似经济社会思想史学者高岛善哉（1904—1990）和内田义彦（1913—1989）一样的学者，因为在战前无法自由展开马克思研究，就暂时以霍布斯、洛克和亚当·斯密等人的英国自由主义思想为研究对象，战后将其与马克思研究联系起来，开拓了亚当·斯密-马克思研究这样日本独特的研究领域。“市民派”中像这样的中间人也不鲜见。

进入1960年代，受意大利共产党总书记陶里亚蒂（Palmiro Togliatti，1893—1964，此人以改造垄断资本主义体制的结构改革而逐步迈向社会主义道路为执政标志）的结构改革路线影响，通称“结构改革派”的派别势头逐渐在日共和社会党边缘滋长。原社会党总书记江田三郎（1907—1977）发表了名为“江田前景”的稳健路线，主张通过日积月累的结构改革渐进式实现社会主义，“结构改革派”因而掀起短暂风潮。然而，该派随即遭到来自社会党左翼和日共主流派的猛烈抨击，后者认为前者本质是偏离马克思主义的“修正主义”，最后这一派仅仅成为马克思主义左派中的少数派。被公认为“结构改革派”知识分子的，包括战前以研究意共理论家葛兰西（1891—1937）闻名的学者石堂清伦（1904—2001）和曾担任神奈川知事的经济学家长洲一二（1919—1999）等人。

1960年安保斗争前后，标榜比社会党和日共主流派更激进的革命路线的派别“新左派”开始形成，以和平路线为显著特征的“结构改革派”自此被“新左派”唤作“市民派”。明明是和西欧共产党中势力最强的意共采取相同路线的群体，却被称为非马克思主义派意义上的“市民派”，这听起来虽然很不可思议，但在日本左翼范围内，将未标榜激进革命立场的群体称作“市民派”似乎也没有什么问题。近期，对于那种半途而废、适应现行体制的左翼，人们也倾向于称其为“市民派”或“结构改革派”。

如果要从积极的角度来概括这般围绕“马克思主义”的复杂状况，也可以说它形成了以“马克思”为关键词，将“非马克思主义派”也包括在内的日本战后批判性知识分子的综合讨论场域。通过使用马克思主义的语言，在哲学、历史学、经济学、政治学、法学、社会学等不同领域的思考方式迥异的人们能够在一个共同的平台上进行交流和辩论。然而，反过来看，“马克思主义”的定义仍然暧昧不清，出现了马克思派和市民派依据当时的情况，自我中心式地使用这一术语的风潮，谁先说出“马克思”谁就赢了。正如将“结构改革派”等同于“市民派”这一问题所象征的那样，如果把不直接标榜暴力革命的左翼称为非马克思主义意义上的“市民派”的话，那么在“布尔乔亚社会”中担任大学教授职位的人，以及通过写作获得稳定收入的人们，至少暂时不会以“革命”为前提而活着，因此就算作是“市民派”。左翼政党的议员、党员，以及加入左翼工会的一般工人等，也可能被视为追求社会稳定生活的“市民派”。

在倾向采取激进行动的新左派中，通常会将未能采取实际行动的马克思主义学者称为“讲座马克思主义者”——这个称谓与战前的讲座派没有关系——并倾向于将他们视为伪左翼。然而，尽管在战后初期情况可能有所不同，但在成为稳定的资本主义社会的日本，根据革命性“实践”的有无来区分真正的马克思主义和伪马克思主义，标准是相当模糊的。如果强行制定明确的标准，唯一的衡量尺度可能就是暴力的存在与否。因此，在左翼派别内部，开始出现一些毫无意义的竞争，如以与防暴警察发生冲突的次数来比拼英勇事迹，或者加剧内部斗争。当然，左翼组织成员通过身体进行暴力活动，并不意味着他们已经进行了革命性的“实践”。

也有许多自称为“马克思主义学者”的人利用日本马克思主义概念的模糊性，假装自己的研究主题符合所谓的“作为革命思想的马克思主义的本义”试图以此躲避来自左翼的谴责。这进一步加剧了“马克思主义”的通货膨胀状态。

甚至自由主义经济思想家亚当·斯密与推崇禅宗思想“无”的哲学家西田几多郎，也可以通过稍微的术语操作，便与马克思联系在一起。

因此，在战后的日本，几乎所有思想都可以和马克思主义“连接”起来。至于有没有很好地“连接”，那就不清楚了。

由于强行将不太可能在短期内实现的“革命”作为“实践”目标，日本的“马克思主义思想”无法明确把握资本主义在日本的逐渐发展以及社会的复杂化现状，自身也变成了与社会现实脱节的乌托邦思想。由于“实践”的概念本身变得相当抽象，因此他们也难以察觉自己正离“现实”越来越远。对于西方国家的思想家来说，马克思主义最初是一种批判性分析他们所处社会的理论，因此，可以明显看出马克思主义所设想的“市民社会”与现代实际的市民社会之间存在的偏差。然而，对于那些勉强引入西方模式的日本“马克思主义者”来说，他们的出发点本身就已经存在偏差，因此可能很难感受到资本主义经济的稳定化正在进一步扩大这一偏差。

因此，日本的左翼思想缺乏法兰克福学派的批判理论那样分析自身立场的元理论视角，而是持续引入与日本社会现实无关的西方国家发展起来的各种左翼思想，其中包括萨特（1905—1980）的存在主义等不尽然与马克思主义相符的思想，同时又与日本国内外的非马克思主义思想进行并用和融合，最终形成了左翼思想的“百货商店”。日本的“马克思主义”好像一个带有魔法的词一样，将各种批判性社会思想松散地汇集在一起，放入同一个桶中。

文明与野蛮的连锁

与日本的马克思主义在概念上膨胀、与现实脱节不同，受到现实中各种制约的德国法兰克福学派的批判理论所面临的当下课题，并不是夸张地回答如何“克服”现实的资本主义体制，而是更多地设定在哲学层面上，包括：①指出“（西方）现代”自身潜在地孕育着纳粹主义温床这一根本矛盾；②与（特别是德国的）传统哲学内在的政治保守性进行批判性对抗；③阐明试图克服“现代”思维矛盾的反现代思想本身如何重复强化现代性矛盾的悖论。

他们的基本思想在《启蒙辩证法》这本书中得到了明确展示，该书由霍克海默和阿多诺在战争时期共同完成，于 1947 年由荷兰出版社出版。在这本著作中，他们将整个人类文明历史描述为人类试图从母性自然（类似黑暗的子宫）中（自我与他人未分化，即主体与客体合一）的状态中解脱出来，并与母性自然的束缚分离，追求独立性“主体”的斗争。在突如其来的强大自然威力面前感到恐惧，以一种万物有灵论的方式神圣地看待自然，并在单方面的从属状态中生存的人类，在“理性（ratio）”（“理性”这个词源于拉丁语的“ratio”，原本意为“计算”）出现并逐渐发展后，成为了理性的主体。人类通过各种基于经验的“计算”来预测自然的运动，从而回避危险。

最终，他们致力于利用自然以丰富自己的生活，即企图“支配自然”。他们将理性之“光”带入自然的混沌“黑暗”之中，通过“启蒙”（理性之光，Aufklärung）将“人类”从自然中解放出来，并反过来试图成为自然的主宰。在《启蒙辩证法》中，这种启蒙性的理性进程被比作希腊神话中的英雄奥德修斯的旅程，他在击败代表大自然力量的各种怪物的同时，继续航行到故乡（乌托邦），最终重新确立了领主（主体）的地位。

从击退野蛮怪物的角度来看，作为启蒙理性象征的奥德修斯的确是带来文明的英雄。然而，在这一过程中，他动用了狡诈（算计）的理性，使用了欺骗敌人和盟友的卑劣手段。例如，当他被独眼巨人赛克洛普斯抓住时，他通过把自己的手下作为祭品献祭，从而幸免于难，趁巨人放松警惕时，弄瞎了巨人的眼睛逃脱了。试图从象征狂暴自然的野蛮怪物中独立出来的奥德修斯，使用了比怪物更为野蛮暴力的手段，从而最终证明了他自身内在的野蛮性。这可以解读为“文明化”的西方人通过暴力手段对待、启蒙仍处于“未开化”状态的“野蛮人”的寓言。

“文明人”担心会在“未开化人”内部看到“曾经的自我”的野蛮性镜像，担心自身会再次被那里所吸引，因此不能对其放任不理。然而，如果试图通过军事力量或警察力量强制在充满野蛮暴力的世界中消除暴力，实现文明化，那么将不可避免地使用比“野蛮对手”“更加野蛮的暴力”。

试图用武力镇压施行野蛮暴力的帮派和恐怖分子，虽然一开始可能会不得不在瞬间使用“暴力”来压制他们，但一旦公然采用更强大的暴力手段来遏制暴力，可能会招致对方的仇恨，并引发牵连第三方的暴力相互循环链条。自“9·11事件”以来，美国似乎就陷入了这种恶性循环之中。西方文明自起源以来，就一直受到这个悖论的困扰。

在这种形势下，文明与野蛮表里一体，相互作用，逐渐升级——“启蒙辩证法”永远不会消解。因为推动文明发展的人类本身在生理层面仍然是“自然”的一部分，所以“主体”无法完全控制内在的欲望。

尽管文明化的世界试图清洁环境、建立秩序，但为此必须对试图逃逸的个体进行严格管理。然而，过度的管理会导致丧失自由，抑制欲望满足，从而不清楚文明化到底是为了谁的利益。

当奥德修斯通过半人半鸟外貌的女妖塞壬所在的海角时，塞壬用歌声吸引船员，奥德修斯命令船员戴上耳塞，并将他自己的身体绑在桅杆上，勉强躲过了险境。然而，他们这种不自由，以及头部（奥德修斯）和身体（部下）的分离所呈现出的不自然感，可以解读为一种倾向，即不断压抑自身渴望，以避免回归到无拘无束的“自然”状态。这象征了为维持理性自制而不断抑制自身欲望的“启蒙理性”的自我束缚状态。

持续全面管控身体的欲望是不可能的，如果过于努力地维持，无意识中被压抑的东西可能会在某处爆发。纳粹政权对“内部”市民实行了严格的身体管控以实现秩序化，但对“外部”则释放了被压抑的欲望，进行了暴力破坏的行为。这就是纳粹大屠杀。纳粹在相当程度上简单易懂地体现了“启蒙辩证法”的矛盾，而作为西方文明高度发展形态的西欧资本主义阵营，以及东欧社会主义阵营，同样都内含被压抑的野蛮暴力。

霍克海默和阿多诺认为，基于马克思-列宁主义的社会主义国家，甚至可能比资本主义国家更加强硬地压抑人们的欲望，强行将其纳入受管理的生产体系中，从而增强了暴力的潜在可能性。如果没有意识到自身的暴力性，而不断追求植根于普遍的人类“理性”理论的“解放人类”，可能会引发比纳粹更加严重的野蛮暴力行为。

即便“我们”自认为已经经过启蒙实现了“理性化”，但身体中总是潜伏着一种欲望，试图逃脱秩序的限制。因此，我们无法从“启蒙辩证法”中“解放”出来。不仅如此，由于“理性”本身抑制了欲望，成为产生野蛮暴力的根源，所以试图通过“理性”来“最终”克服现代市民社会矛盾的宏大的“启蒙”计划，不可避免地导致一个更加悲剧的局面——类似纳粹的“最终解决方案”。然而，也不能走向另一个极端，即通过暴力破坏现代理性主义的非理性主义或者回归前现代的政治浪漫主义，这都将让我们变得更接近纳粹。正如奥德修斯的船行至墨西拿海峡，在斯库拉女妖和卡律布狄斯大漩涡之间，不管朝哪个方向前进，都不得不付出巨大的牺牲一样，处于“启蒙理性”主体状态下的人也面临着类似的困境。

“哲学”陷入“理性”的陷阱

按照霍克海默、阿多诺的说法，在文明社会中，以技术理性为基础发展起来的“哲学”在一定程度上强化了“用暴力压制暴力”这一悖论。自从柏拉图的哲人王思想诞生以来，西方哲学一直在描绘自我启蒙的理性应达到的最终理想的乌托邦境地，并引导人们朝那个方向前进。

在正统的马克思-列宁主义哲学史教科书中，将所有哲学划分为为统治阶级服务的唯心论和作为解放被统治阶级武器的唯物论两个阵营，将前者描绘为延续统治暴力的恶，将后者描绘为通过暴力革命打破那一恶的善，由此形成一种简单的二元对立结构。然而，在霍克海默和阿多诺的“启蒙理性批判”中，并不存在这种对立。无论是唯心论还是唯物论，它们都以自身固有的方式参与了“消灭野蛮的野蛮”这一关于启蒙的矛盾的扩大再生产。无论唯心论，还是唯物论，都不过只是一个负面选项，类似于在斯库拉和卡律布狄斯之间的选择——两害相权取其轻。苏联和东欧的唯物论哲学为斯大林主义以重工业为中心的生产管理体制（根据唯物主义理性实现的统治）提供正当化依据。既然已经认识到哲学本身与作为暴力源泉的“技术理性的狡猾智慧”存在共谋关系，那么法兰克福学派的“哲学”必然要与其所归属的哲学传统中隐藏的野蛮进行批判性的对峙，而成为一种“批判理论”。

从这个意义上来看，对于他们而言，以批判性的视角重新审视过去的哲学史具有比传统的马克思主义意义上的同类操作更重要的意义。特别是阿多诺，他从战前开始就一直试图揭示德国近代代表性哲学家，如康德、黑格尔、胡塞尔等人的思想是如何被技术理性所渗透的，他们将一切事物换算为市场上的“交换价值”，然后将其暴力地整合到价值的等级结构（世界秩序）中。

就像启蒙理性不喜欢自然的不规则性（野生），试图将一切纳入自己设定的规范之中一样，哲学也不允许偏离常规性，试图将一切都套入共通的尺度中来认识。不符合技术理性尺度的事物会被强制性地排除在认知框架之外，但哲学的理性自身并不一定意识到这一点。正因为没有意识到这一点，所以他们常常会排除不符合其价值体系的事物、建构起一种对自己有利的“纯净世界秩序”的努力，误认为是在向“真理”靠近。

针对技术理性将其自身人为构建的东西误认为“真理”的现象，阿多诺用马克思在《资本论》中的术语称之为“物象化”。然而，这与和马克思，以及与法兰克福学派有亲近关系的《历史与阶级意识》（1923）一书作者、匈牙利马克思主义哲学家卢卡奇（1885—1971）所谓的“物象化”不同，后者是高度发达的资本主义社会特有的现象。阿多诺所指的“物象化”是与文明一同产生的“启蒙理性”的宿命。作为启蒙理性的产物，哲学无论走到何处，都无法逃脱物象化所带来的错觉。

站在这一立场的阿多诺最大的批判目标是在战后也一直保持着德国最高哲学家权威地位的海德格尔。

海德格尔是《存在与时间》（1927）的作者，他对战后的德国年轻一代产生了重要影响。然而，正如先前提到的，由于曾经试图用自己的哲学来为纳粹的到来辩护，战后他便陷入了不敢公开表态的境地。之后，由于以萨特为代表的一些法国哲学家高度评价海德格尔为“存在主义哲学家”（认为将海德格尔的哲学视为存在主义哲学是错误的这一观点最近才确立成为共识），他才逐渐恢复发声。

1953 年，海德格尔 1935 年的讲座稿《形而上学导论》公开出版，但其中“这一运动的内在真理和伟大”等明显关于纳粹的表述引发了争议。在法兰克福学派，以及君特·格拉斯等战后批判知识分子看来，海德格尔是那些不认真反思自己过去，仍然毫不介意地继续从事哲学研究的麻木的旧一代知识分子的代表。

阿多诺在 1964 年的著作《本真性的行话：论德国意识形态》中，嘲笑海德格尔哲学中经常使用的形容词“eigentlich（本质、本来、原本）”这一术语，最终表现为对被技术理性支配的“现代”的厌恶，以及试图逃避回到故乡的德国式乡巴佬心态。

海德格尔思想的原点在于对笛卡儿以后的理性中心主义哲学的局限进行反思，这些哲学试图从大自然中脱离并支配自然。他在思考如何回避将一切还原为交换价值，割弃一切超越价值等级层次的元素这一现代理性的陷阱。在这方面，他与阿多诺等人有着共同的问题意识。然而，海德格尔试图在虚伪的现代理性背后寻求某种形式的“真实之物”。

对于马克思-列宁主义来说，超越资本主义现代性的“真实之物”是社会主义革命后，实现了无剥削劳动的乌托邦，而对于纳粹来说，则是英雄西格弗里德（Siegfried）活跃的古代日耳曼神话共同体。

然而，这两者都试图强行实现在现实中不存在的地方（乌托邦），因此反而触发了启蒙理性的暴力。抱着认为脱离了卡律布狄斯大漩涡的吸引力之后就可以到达乌托邦的幻想的人，如今却被斯库拉捕获。

关于海德格尔的乌托邦观念，虽然他自己没有明确表达，但根据阿多诺的说法，海德格尔常常在似乎没有太大意义的地方上来就使用“本质上……”这一短语措辞，这便是他将前现代的田园牧歌状态视为“德意志民族灵魂的本来故乡”的佐证。由于这一原因，海德格尔被标榜复兴英法主导的西欧现代性渗透之前的民族共同体的纳粹意识形态所吸引。他通过解释荷尔德林的诗歌，试图将德国人本应归属的“祖国性的存在”实体化。关于海德格尔对荷尔德林的解释问题，可以参考拙作《隐匿之神的痕迹》（世界书院，2000）。可以说，海德格尔过于试图逃避直接的物象化，却将“祖国”物象化为避难所，并奉之为“真实之物”，这是一种扭曲的“混淆”。这个作为“本真之物”的“祖国”的概念实际上是一个人为建构出来的产物，并在现实中为了对抗英法等西欧现代化先进国家而装备了现代化生产系统、军事技术，以及以种族净化为目的的技术等。寻求摆脱启蒙理性的德国意识形态因此反而更深陷启蒙辩证法的陷阱之中。

无论是将目标指向追求未来更大的进步，还是浪漫主义地回到过去，都无法摆脱“物象化”，“领悟”到这一点的阿多诺采取了一种策略——坚决避免为各种意义上的“乌托邦”构建实体意象。所谓“乌托邦”，只不过是被技术理性彻底污染到难以恢复程度的我们的“精神”编织出来的幻象。将这种幻象视作“本真之物”并投入其中，就如同将在兴奋剂的影响下看到的景象视为“活生生的现实”并舍命追逐一样。

阿多诺不站在任何特定的立足点，为了避免完全陷入启蒙辩证法的陷阱，他采取了一种自己的哲学“方法”，称之为“否定的辩证法”——并非一下子全盘否定以“技术理性”构建的秩序，而是在逐渐批判的过程中徐徐推进思考。

丸山真男式的视点

早期的法兰克福学派，以阿多尔诺为代表，在批评明显体现在德国思想中的“乡土心态”（即试图回归“祖国的本质”）的同时，也将批判的视线投向了导致这种“乡土心态”的元凶——“西欧近代”本身。据他们所说，马克思主义曾经揭示并指责了资本主义社会中的“物象化”现象，而他们自己的批判理论也不能全面克服在更深层次上发展的“理性的物象化”。这意味着，曾经走在以启蒙理性为基础的“进步”

之路上的“现代”在面临已经达到的极限时，开始探索非乌托邦的思考之路，这在某种意义上可以称之为后现代。

与他们对“现代理性”根深蒂固的怀疑相比，在以马克思主义为中心的左翼思想形成“通货膨胀”状态的战后日本，真正开始对“现代”本身提出质疑的讨论要等到法国后现代派思想传入后的1980年代以后。当然，现在的情况正好相反，批评“现代”的言辞已经泛滥，到处都在进行着几乎没有实质内容的关于“现代局限”的讨论。

市民派或进步派曾寄予厚望，希望日本社会能够在真正意义上实现向西欧市民社会的“全面进步”，而马克思主义派则视“二次革命”或直接的社会主义革命为手段，将实现“真正的进步”视为目标。然而，在任何情况下，他们的榜样——“西欧现代”本身可能也面临着法兰克福学派所指出的问题，但这个问题并没有被正面提出和讨论。

在战争期间，西田几多郎的弟子高山岩男（1905—1993）、高坂正显（1900—1969）等京都学派的哲学家，以及亀井胜一郎（1907—1966）等日本浪漫派文学家结合了马克思主义的“异化”论观点，探讨了“超克”无视人类的、工具理性过度膨胀的西欧现代性的可能。结果，他们走到了赞同和支持大东亚共荣圈构想的地步。因此，关于“现代”的“局限”和“克服”的讨论，在日本批判体制的知识分子中长期以来一直被视为禁忌。

在这一背景下，提供了在一定程度上“批判”西方现代性的视点，恐怕最有代表性的要数丸山真男了。丸山基本上主张以西方市民社会为模型的现代化，但他也关心西方现代性因过度机械化和规范化而导致社会整体秩序、效率与个体的感性、身体性之间的龃龉，也认识到试图克服这一问题的马克思主义可能反而使问题更加严重。

然而，他的整体问题意识更多在于关注包括马克思主义在内的西方现代性这一理念与接纳它的日本文化土壤之间的矛盾，而不是内在于西方现代性本身的矛盾。因此，在他的一些著作中，可以看出一种扭曲，即一方面暗示了西方现代性的局限，一方面呼吁日本人要适应它。这种扭曲在某种程度上可以被看作是从马克思主义立场出发的，类似于旧讲座派的二次革命理论的一个变形版本。在凝聚了丸山思想精髓的名著、至今仍被广泛阅读的《日本的思想》（岩波书店， 1961）一书中，清晰地展示了这种关于现代主义的矛盾性。

丸山在这本书收录的第一篇论文《日本的思想》中开篇便提出几点：①日本没有西方的"知识分子历史"传统，因此日本人不擅长系统地、历史性地讲述自身思想的发展历程；②在引入西方思想时，日本人倾向于忽略这些思想形成的历史背景，只选择容易理解的部分来吸收；③延伸下来，像从根本上对西方现代性进行批判的尼采（积极的）虚无主义这样的"危险思想"，也被转变成无害的、适应体制的观念。"日本的思想"本质上是"非结构化"的，一切都被零散地吸收，由此导致现代与反现代之间的严重对立也失去了冲击力。

马克思主义在这个"非结构化"的、杂糅并存的"日本的思想"中引入了社会科学所需的系统性和批判性思考，就这一点而言，它确实发挥了重要的作用。然而，根据丸山的说法，日本本来并不存在类似于马克思主义应该与之对抗的现代理性主义、基督教的良心，以及现代科学的实证精神等要素，因此形成了马克思主义自唱独角戏的局面。结果，马克思主义被认为只是在以一种“公式主义”的方式摆弄与人们实际生活经验脱节的抽象理念的。

被冠以这种形象的日本的马克思主义者们也没有充分理解“理论”本身实际上是从“现实”中通过一定的抽象化过程产生的“虚构”这一核心观点，一味地倾向于从“理论”的角度来解释“现实”与“理论”之间的鸿沟，因此陷入了对理论的盲目崇拜。

按照唯物史观历史发展理论的公式化规律来看，如果革命没有发生，那么这并不是“理论”本身有问题，而是“现实”没有发展到“理论”所预见的阶段。基于这样的前提，唯物史观者试图用同样的“理论”来解释这种“滞后”。拜其所赐，即使基于唯物史观而对没有发生革命的日本社会现状进行的“分析”变得越来越复杂，但人们实际上并没有感到“现实”与“理论”的距离正在缩小。

丸山真男称之为“理论的拜物教”，“拜物教”也是马克思主义的术语，指的是像资本这样本来没有实体的“物”，看起来好像有意志一样在运动，而人们也会因此而产生敬畏之情。“理论”和“现实”以一种奇妙的方式“预期和谐”地持续共存，这是因为社会科学的“理论”常常没有意识到自己与复杂多样、不能简单归纳的“现实”之间蕴含的紧张关系。

丸山真男指出，马克思主义批评了陷入“资本”拜物教的资本主义（市民）社会，但其本身也陷入了“理论的拜物教”之中。这一点与阿多诺的“物象化”理论有相似之处，但丸山认为，其主要原因在于日本的现代性思考尚未成熟。

如果不建立系统地理解各种思想和理论的“坐标轴”，那么自己所主张的东西就会在整体结构中失去方向，不知其意义，最终只会陷入无根的空谈。是否可以一直坚持相信“西方现代性”，这一点尚且不得而知，但无论如何，如果不经历现代意义上的思想结构整合重组，我们便无法前进，这便是丸山的基本立场。

在论文《日本的思想》中，丸山以典型的现代化论者的措辞作为结尾：“如果不是具备坚韧的自我驾驭能力的主体，就无法产生把（思想的）‘杂居状态’提高为‘杂交种’的能量，无论是在认知上还是在实践中都是如此。由我们来创造出这个主体，这正是我们‘革命’的课题。”（《日本的思想》，第 66 页，着重号为原文所加）。

这段文字体现出一种丸山式的思考方式，即“我们首先必须进行真正意义上的现代化”，这一点似乎已经广泛渗透到日本的知识分子中，不分左右。甚至在今天，讨论如何对待后现代思潮时，也常常会听到类似的观点：“所谓后现代主义，就是试图解构已经建立起来的现代。但在日本，我们首先必须确立现代，否则没有东西可以解构。”这种说法通常来自年长的“明白事理”的人，他们往往都是丸山的粉丝。我认为这种表述是非常不严谨的，但总体来说，似乎也并没有什么大错。如果有人直接对我说这样的观点，我可能也会难以反驳，因为我自己可能也是一个广义上的丸山式现代化理论的支持者。

1968 年革命与分裂的左翼思想

1968 年 5 月始于巴黎的学生运动波及了一般工人阶层，影响了整个法国，最终导致戴高乐政府下台。几乎同时，西欧其他国家也相继发生了激进的学生抗议潮，德国和日本也在 1968 年至 1969 年间爆发了以新左派为核心的大学校园冲突，这些事件对思想界产生了重大影响。然而，日本和德国的情况在某些方面略有不同。

在马克思主义已经几乎全面解禁的日本，日本共产党在 1955 年的“第六回全国协议会”上，转向了采取立足议会斗争的稳健路线，由此催生出了反对这一转变的“共产同”[1]“革共同”[2] 等主张通过直接行动实现革命胜利的新左派组织。到了 1968 年，在日本大学、东京大学等高校，以大学管理问题为导火索的全共斗[3]运动开始，此时“社学同”（“共产同”下属的学生组织）、中核派、革命马克思主义派、解放派、第四国际派、 ML 派等多个新左翼派别已经渗透到学生群体中，并竞相发展壮大。

这些新左翼派别与无派别的激进学生不仅对抗当局，还挑战了之前

---

1 全名为“共产主义者同盟”，1958 年 12 月由反对日本共产党放弃武装斗争的学生党员结成。在 1960 年代后半段，共产主义者同盟成为日本学园斗争和安保斗争的新左派斗争行动的领导之一。 1970 年代后，“共产同”分裂为数个互不隶属的独立组织。

2 全名为“革命共产主义者同盟”。 1957 年 1 月，日本托洛茨基主义联盟成立；同年 12 月，改组为革命共产主义者同盟。该组织的创始人是太田龙、黑田宽一、西京司。 1958 年 7 月，发生“‘革共同’第一次分裂”，分裂出以太田龙为首的日本托洛茨基主义同志会（太田派）。 1959 年 1 月，发生“‘革共同’第二次分裂”，分裂出以黑田宽一、本多延嘉为首的革命共产主义者同盟全国委员会（探求派），“革共同”的剩余部分则被称作革命共产主义者同盟中央书记局（关西派）。至此，统一的“革共同”不复存在。

3 全名为“全学共斗会议”，即全体学生共同斗争组织。全共斗是由核心派、“社学同”、学生解放战线、反帝全学联、社会主义学生战线、第四共产国际日本委员会、无产阶级学生同盟、“共学同”组成的跨学院跨党派组织的大学内部联合体。

控制了许多大学自治会的日本共产党和“民青”[1]。甚至新左派内部也爆发了冲突，导致各大学陷入混乱的局面。对于这些新旧左翼派别的学生行动是否真正根植于马克思-列宁主义，可能仍有疑问，但至少可以说，他们都自认为是马克思-列宁主义的正统派。

相比之下，西德的学生运动并非从一开始就明确标榜马克思-列宁主义。最初成立的德国社会主义学生同盟（SDS）是隶属于以议会制为前提的社会民主党（SPD）的学生组织，但SDS反对SPD在1959年通过的《哥德斯堡纲领》，该纲领宣布SPD放弃了作为工人阶级政党的传统身份认同，转向成为一个国民政党。因此，SDS于1961年脱离了SPD，并将自己定位为议会之外的在野党（APO）。

1966年，由于SPD与保守派的基督教民主联盟、社会联盟（CDU/CSU）组建了联合政府，加之德国政府支持越南战争，并颁布了紧急事态法， SDS对这些政策持坚决反对的立场，并发起了大规模抗议示威和罢工，以阻止这些政策的实施。这些行动吸引了不满足于SPD中道左派路线的学生们的支持，他们寻求更为激进的变革。

受到以SDS为中心的APO活动激励，到了1968年，吸收了1956年被宪法法院解散的“德国共产党（KPD）”的“德国的共产党（DKP）”重新组建。 DKP在对东德执政党社会主义统一党（SED）宣誓作为同志的忠诚的同时，主张通过议会选举实现和平转型为社会主义的妥协路线。此外，在1968年至1970年期间，还出现了其他KPD派

---

1 全名为“日本民主青年同盟”，该组织成立于1923年4月5日。

别，如信仰毛泽东主义、反对议会制度的德国共产党建设组织（KPD/AO）、德国共产党马克思-列宁主义派（KPD/ML）、以 SDS 海德堡分部的活动家为核心组建的共产主义者团体新论坛（KG/NRF），以及托洛茨基主义的国际马克思主义者团体（GIM）等各种不同倾向的新左翼派别。

SDS 内部包括了各种不同倾向的左翼思想：与 SPD 路线较为接近的社会民主主义路线、正统的马克思-列宁主义、主张世界范围同时革命的托洛茨基主义，以及追求完成一战后受挫的德国革命理想的罗莎·卢森堡主义等。其中，1968 年革命中起到领导作用的鲁迪·杜契克（Alfred Willi Rudi Dutschke，1940—1979）和汉斯-尤尔根·克拉尔（Hans-Jürgen Krahl，1943—1970）受到了法兰克福学派的强烈影响。克拉尔直接受到阿多诺的指导，参与了关于马克思阶级理论的研究。截至 1968 年之前，法兰克福学派的思想在一定程度上发挥了激发左翼倾向学生采取激进行动的媒介作用。

正如已经看到的，霍克海默和阿多诺没有赞扬为变革体制而采取暴力革命或激进破坏活动的行为，而是警告这种简单暴力的诱惑是启蒙理性的另一种陷阱。但他们的论述指出了人类的“内在自然-身体性”受到的压抑，如果极其简单来理解的话，似乎也可以解读成是对将“不受理性束缚的直接行动”作为解放途径的赞扬。尤其是战前法兰克福学派成员之一、后留在美国任教的马尔库塞的言行助长了对整个学派的这种“误解”。

马尔库塞擅长将弗洛伊德的精神分析理论运用于社会分析中，他将

“文明”视为压抑人类与生俱来的性冲动（力比多），延缓其满足，以维持社会运转的机制。强调文明的压抑性一面，这与霍克海默、阿多诺的观点也是共通的。但对于他们来说，只要我们还是“人类”，就不可能实现从文明压抑中的最终解脱。对此，马尔库塞认为，当下这种被现代科学技术极度压抑人性的文明至少还是有希望在未来转变为不需要强制压抑人性也可以构建和谐人际关系的更为开放的文明。霍克海默、阿多诺对于参与反政府和平运动以及采取激进暴力行动持谨慎态度，而马尔库塞则将发动暴力行动视为力比多的解放，并给与积极的肯定评价。

在他的主要著作《爱欲与文明》（1955）中，这种思想得到了充分的展现。当这本书于 1965 年以《冲动的结构与社会》为书名在德国翻译出版后，马尔库塞开始在德国学生中拥有巨大的声望。他每次返回德国时，不仅在大学教书，还与学生们进行了长时间的辩论，涉及了反越战问题等，展现出相当多的政治活动色彩。

在那个时候，一种享乐主义共同体运动引起了学生们的关注，他们反对深层次支撑资本主义社会的核心家庭的小市民生活方式。在享乐主义的共同体运动中，多名男女共同生活，成员们享受自由性行为，裸体生活，吸食麻药等。其中，德国社会主义学生同盟的一部分学生也加入了进来。看似可以将“性解放”和“政治解放”联系起来的“马尔库塞-法兰克福学派”为在哲学上对这种倾向进行正当化提供了方便。尽管马尔库塞本人没有提出过通过暴力和性行为可以立即实现从压抑中“解放”的简单论述，但激进行动的学生们试图以对自己有利的方式来理解他的思想。

从精神分析的角度来看，霍克海默和阿多诺关于资本主义社会中物象化的讨论也被以类似的方式理解。他们将精神分析、大众心理学，以及韦伯社会学中的合理化理论等知识吸收进来。然而讽刺的是，本应远离了传统马克思主义的法兰克福学派的讨论却在德国年轻人中间扮演了桥梁的角色，重新将他们引向马克思主义的“革命”形象。

日本和德国都是如此。在 1968 年的“学生起义”前后，涌现出了许多不同主张的新左翼派别，它们各自竞相证明自己在行动上（而非思想上）最为激进，进而采取进一步的过激行为，导致暴力逐渐升级。然而今天再回顾这些事件，我们会发现这种情况相当奇怪，因为新左派在与当权者的斗争之外，更多地表现为内部冲突，这似乎是一种特殊的日本现象。在这种情况下，这些派别由于行为过于激进，最终遭到了一直以来对其同情与支持的左翼知识分子的反感。

阿多诺和丸山都对学生暴力占领大学和干扰教学的行为大为反对，这一点人尽皆知。与此同时，那些形成派系的学生也对不支持他们行为的左翼教授感到失望，并远离了他们。

进入 1970 年代，由于两国都出现了过激化的派系进行爆炸袭击、抢劫、劫持和绑架等恐怖活动，因此“一般国民”之间的反共情绪增强了。在日本，左翼恐怖主义最引人注目的是由“共产同”分裂出来的（旧）赤军派组织，而在德国的情况也类似，由律师安德烈亚斯·巴德尔（Andreas Baader，1943—1977）和记者乌尔丽克·梅茵霍芙（Vlrike Meinhof，1934—1976）领导，他们以南美的游击运动为模板组建了一个名为赤军派（RAF）的派系。

然而，一旦学生起义达到顶峰、左翼社会思想开始真正重组时，日本和德国再次走上了具有微妙不同的道路。

沟通的理性与共同幻想

在日本，社会对全共斗新左派激进行动的反感加剧导致随后的“后全共斗一代”学生们（即在1951年至1958年之间出生，曾在保留了一些全共斗氛围的大学学习的学生一代）非政治化的急剧发展。而在德国，作为旧左翼的社会民主党（SPD）成为接纳这一代德国青年的平台。1947年前后首次亮相，因此被称为“四七社”的反权威主义战后激进作家团体中，最引人注目的存在是君特·格拉斯。正如前文提到的，从20世纪60年代中期开始，格拉斯深化了与维利·勃兰特的友谊，继续支持SPD，同时他也向APO的学生们传递了一个建议，即通过SPD参与政府，从议会“内部”进行改革将会更有建设性。

在1969年的大选中，一直作为联合政府中“年轻伙伴”的SPD取得了重大胜利，与中间路线的自由民主党（FDP）一起，组成了由勃兰特领导的中间左派政府。以此为契机，一些已经退出或与1968年运动保持距离的学生成为了SPD的新支持者。经历了运动挫折的“1968年一代”（相当于日本全共斗一代人）中，也有不少人成为SPD主导的温和左翼自由主义阵营的支持者。

在1968年以后的这种与SPD结合的左翼自由主义政治文化中，开始发挥影响力的是霍克海默和阿多诺的学生，尤其是哈贝马斯。与他的两位老师对被物象化的技术理性支配下的“布尔乔亚社会”表现出的怀疑态度不同，哈贝马斯对于“市民社会”具有相当高的期望，认为它具有改变现实政治的潜力，因此他的思想更容易被“六八一代”及其后的一代，特别是通过SPD积极参与政治的一代所接受。在他的教授资格论文，也是一本在英语国家圈被广泛阅读的关于市民社会论、公共圈理论的教科书式著作《公共领域的结构转型——论资产阶级社会的类型》（1962）一书中，哈贝马斯描述了市民公共领域作为市民意见交流场所的历史形成过程。

与古希腊城邦的小规模政治共同体不同，现代国家中所有市民齐聚一堂进行辩论在物理上是不可能的。然而，随着报纸等公共媒体的发展，政治信息也通过它们传播给人们，公众舆论（public opinion）逐渐形成，这也就是关于国家政治运行方式的集体观点（opinion）。这些观点通过议会等代议制机制牵制国家政权（公权力）的滥权。

作为市场上自由参与者的市民，基本出发点都是在追求自己的私利私欲，未必从一开始就具备相互团结的连带意识。然而，通过媒体分享到共同的信息后，他们意识到在与公权力的对抗过程中，例如：在追求商业自由、言论自由和法律平等方面，彼此之间拥有共同的利益，为实现这些诉求，他们在一定程度上抑制了自我私欲，采取了协调一致的行动。这就是现代市民社会中的公共性。

哈贝马斯认为，市民社会中存在相对独立于国家机构和市场，围绕市民共同利益进行沟通交流的公共领域，从而对技术理性导致的一元化统治形成了一定的制约。

哈贝马斯的哲学核心理念存在一个前提，即每个主体内潜在着一种试图超越物质利益关系，实现“从相互理解到形成共识”的“沟通理性”。但是，这种沟通理性的作用通常受到植根于历史和文化背景的各种意识形态的阻碍。现代社会理论的使命在于，构建为实现无限接近沟通理性所追求的最终目标“理想沟通情境”而“对话”所需的基本规则和程序。

在学生运动仍然盛行的1960年代末到1970年代初，哈贝马斯试图基于主体间沟通的重要性体系化创建新的社会理论。他提出了一套系统论，该理论认为，与主体意图无关，法律、经济、政治等各种系统会自动循环并重复运动。就这一理论，他与社会学家尼古拉斯·卢曼（Niklas Luhmann，1927—1998）之间进行了争论，同时也影响了宫台真司等人。

哈贝马斯作为对话哲学家的形象，甚至在教育政策中也产生了影响，尤其是在一些由社会民主党（SPD）掌握政权的州。在这些州，教育政策试图从传统的人文教育方式转向强调沟通能力。哈贝马斯的理论强调将沟通能力作为社会正义的基础，对于试图吸收各种市民运动的能量以增强政权向心力的SPD来说，这是一个好的理论。

对市民社会充满正面评价，并强调沟通对话的哈贝马斯的理论在1970年代的德国占据支配地位。然而，在1970年代经历了全共斗运动的日本，开始倾向于以新马克思主义的角度分析和理解阻碍一般大众参与革命运动的社会关系性问题。这一思潮也可以说是强调只关注社会的底层结构无法揭示社会现实的初期法兰克福学派问题意识的萌发。代表人物是文学评论家吉本隆明（1924—2012）和马克思主义哲学家广松涉（1933—1994）。他们受到参加过全共斗的新左派学生的强烈支持，在进入1970年代以后依然很受欢迎。

吉本隆明的共同幻想论试图在刻意忽视底层结构问题的基础上，将神话和民间传说中出现的人物的“共同幻想”作为媒介，分析构成日本这个“国家”的关系。吉本指出，日本表面上看似是受到西方影响才实现了现代化和理性化，实际上真正起作用的是扎根于深层的日本特有的共同幻想。吉本通过这种方式提出了一个一直以来未被充分讨论的问题，即“为什么（包括知识分子在内的）日本大众似乎不太渴望变革”。由此，他吸引了那些不满足于传统马克思主义者的教条主义态度，以及丸山式整齐划一公式化的现代化理论的人们的关注。

以往，无论是马克思主义者，还是市民主义者，他们都认为人类本能地具备排除“上天”[1]的介入，自己决定事物的命运的欲望，知识分子的使命是帮助人们“觉醒”，认识到自身具备的这种内在欲求。因为这被认为是人类共同享有启蒙主义的前提，所以他们在此之前并没有认识到认真讨论日本大众不渴望变革的原因的必要性。看似不渴望变革的原因就是他们仍然受虚伪的意识（意识形态）的束缚，而知识分子的任务是尽早唤醒他们，这被认为是善行。

吉本隆明认为，共同幻想并不是表面上的启蒙活动可以消除的东西，而是更加根深蒂固的。他督促那些游离在大众群体之外的知识分子对自己的社会存在意义进行深刻的自我反省。然而，吉本本人并没有对

---

1 此处指天皇、上级。

自己的问题提供积极的答案，因此在“吉本主义者”中，有不少人以“大众的共同幻想”根深蒂固为理由，倾向于接受现状。时至今日，仍有相当多的前新左派或左翼支持者质疑曾经的精神领袖——“难道吉本不就是一个强调私生活的小资吗？”然而，我认为这些批评不应归咎于吉本本人，而应归咎于个人的责任。

与吉本不同，广松自始至终都坚称自己是马克思主义者，同卢卡奇、阿多诺等人一样，他将注意力放在马克思的“物象化”概念上，并将其与后期胡塞尔现象学中的“共同主体性”（或“主体间性”）的概念联系起来，以哲学的方式对其进行深入研究。简单来讲，广松将“物象化”视为一个根本性的概念，“物象化”不是个人对资本的拜物教式欲望引发的过渡现象，而是源自围绕事物认知根本框架的一系列（无意识层面上形成的）社会规范的根源性事象，例如：“1 + 1 = 2”“人有精神和肉体”“我的东西不是你的东西”等等。

人类在处理信息时，并不是原封不动地使用通过五官感知到的数据，而是在相当大的程度上结合了各自所属的社会和文化背景形成的不同形式的认知框架，将数据加工成信息，构建出对自己来说可认知的“客体”。换言之，“我”认识到“我”面前的“事物”，就像周围的“他者”一样认知这些“事物”。

当然，最基本的认知往往是几乎在无意识的情况下实现的，因此“我”并不会意识到这一点，认为这是很“自然”的。例如，许多日本人从小就认为太阳是红色的，但这并不是普遍的认知。通过这种根本层面上的“物象化”建立起“我们”这一共同主观性，然后以不断叠加的形式，形成了不同层次的“物象化-共同主观性”。物象化形成了虚幻的假象，人们将其误认为是终极实体，便形成了意识形态。现代资本主义就是在围绕“资本”的各种共同主观性的错综复杂的错觉之间形成的。对于广松而言，马克思主义是通过解开这些意识形态、分析“物象化”结构，进而重组社会关系的武器。

广松以物象化理论为中心，将此前被视为与“纯粹学术哲学”本质相异的马克思主义与德国观念论和现象学等语境相连接，取得了非常显著的成就。由于他开辟的这一研究路径，即使不一定偏爱政治行动的学院派哲学家，也开始倾向于将马克思作为认知论和行为论的文本进行研究。从这个意义而言，他发挥了类似于阿多诺的作用，尽管广松本人似乎不怎么谈论阿多诺。他的影响不仅限于其哲学直系弟子，如伦理学家大庭健（1946—2018）和熊野纯彦（1958—　），还扩展到了社会学领域的代表性学者，如大泽真幸（1958—　）和宫台真司。

然而，由于他在哲学层面过于深入地挖掘物象化现象，导致了一个问题的出现，即在何处划定应当通过马克思主义实践消除的“恶性物象化”与人类作为操作语言和符号的社会存在而无法消除的“根本层面上的物象化”之间的界线，他和他的学生们在理论上陷入了困境。在民族、语言、性别、性取向等方面不同的物象化形态，是否可以通过均等化实现更普遍的文化，即“积极物象化”的转型是否可能，对于这一问题，他们无法给出明确答案。

结果，吉本和广松都通过指出以“自立的理性主体”为前提的近代理性主义思想难以阐明的共同主观性“关系”问题，为 1980 年代的后现代热潮奠定了基础。在这一点上，他们与以哈贝马斯为代表的坚决捍卫后现代言论、坚守近现代理性主义的最后据点“沟通理性”、为此甚至不惜提出与自己的老师霍克海默、阿多诺相左观点的法兰克福学派第二代形成了鲜明的对比。广松在 1980 年出版的著作《论“近代的超克”——昭和思想史断想》从现代的角度重新回顾了战前京都学派和日本浪漫派的“近代超克”论。虽然这本书在当时并未引起广泛关注，但站在今天的角度来看，它似乎预示了 1980 年代和 1990 年代将正式浮出水面的“摆脱西方现代化”的思想趋势。

第四章

“后现代主义”的状况

后现代主义的引入与批判性智慧

在日本和德国，通常所称的“后现代主义”是指自 1970 年代以来在法国兴起的后结构主义思想。两个国家都在 1980 年代出现了一场后现代主义的热潮，显著改变了各自知识领域的格局。不过，新引入的“后现代思想”本身并没有在各个思想市场中确立坚实的地位，到了 1990 年代中期，受思想全球化的影响，英美自由主义和分析哲学开始对其取而代之。

但是，后现代主义的冲击导致了广义上以“马克思主义”为核心的传统“批判性智慧”的权威受损，这一点毋庸置疑。老一辈的左翼知识分子对后现代主义产生生理上的排斥，他们往往并不真正了解后现代主义，单纯地认为“后现代主义缺乏政治性，不知会倒向哪一方”。这种情况在日本和德国都普遍存在。德国可能更严重，因为他们对自己已有的思想更加自信。

为了更清楚地理解日本和德国的左翼知识分子对后现代主义的反感

原因，让我们简要总结一下后结构主义究竟是什么。

虽然后结构主义内部存在各种各样的倾向，但其最大公约数仍然是在 1960 年代思想界一大热潮的“结构主义”所提出的知性课题，以及其在之后的进一步发展。结构主义作为一种新的知识形态出现，跨越了不同的学科领域，如文化人类学、精神分析、哲学、社会学、语言学和符号学等。与传统的“人类”相关科学不同，结构主义不关注人类主体的意图，而是致力于揭示主体本身不知道的领域，即在无意识层面上规定主体行为并构建社会的不可见“结构”。

在结构主义看来，文化人类学研究中出现的文明化“以前”的社会中传承下来的，（在经历启蒙的西方现代人眼中）只被视为毫无理性与规则的混乱状态的神话、仪式、惯习等内部存在着当事人几乎没有意识到的秩序性意义体系。通过分析强迫性神经症患者（从正常人的角度来看）看似毫无意义的言辞串联，可以了解无意识领域如何在语言上被结构化。此外，也可以在诗歌和小说中，读取出作者（主体）无意之间的意义关联。

结构主义者通过指出在无意识层面形成的“结构”的存在，批判那些试图将仅存在于意识表面的“理性”视为绝对的现代理性主义者和启蒙主义者。从结构主义的角度来看，我们称之为“主体性”并充分信赖的东西，只不过是广阔无垠的无意识海洋中浮在水面上的冰山一角，微不足道。面对这种结构主义的挑战，那些依然寄希望于理性力量来启蒙社会、使其变得更加合理的左翼知识分子表示反对。

法国战后最具代表性的批判性知识分子之一、存在主义者萨特认为结构主义是试图肯定社会现状的资产阶级意识形态。他拒绝接受结构主义，曾就此表明立场。在1960年代的前期，萨特与作为结构主义领军人物的文化人类学家列维-斯特劳斯（1908—2009）之间展开了激烈的争论。按照列维-斯特劳斯的观点，像萨特这样将仅仅是西方文化产物的“理性”视作衡量一切的尺度的态度恰恰正是西方人傲慢的象征。

于是，在1960年代后期，结构主义阵营中出现了一种新的观点，即“结构”不应该被看作是绝对不变的，相反，它很可能会根据时代、情境或与主体之间的相互关系而“变动”。即使真实意义上的“结构”果真存在，作为主体（在无意识层面受到这一“结构”规定的主体）的“我们”试图发现它，并将其“再现”为“结构”时，也必然会出现与原始“结构”之间的差异。关于这一点，只要思考一下自己能否正确分析自己的深层心理，便会很清楚。进一步而言，如果某种新因素从“外部”被添加进来，导致“主体”的行为发生变化，那么在“主体”自身不知晓的情况下，“结构”可能也会发生变化。

后结构主义承认了在这种意义上的“变动”的可能性，因此，看起来似乎是在再次靠近标榜由主体实施“存在”变革的萨特存在主义和马克思主义，但许多后结构主义者并不认为通过所谓的“主体实践”可以实现主体设定目标的变革。因为“主体”和规定“主体”的“结构”都包含许多不确定性元素，所以不能准确地预测它们会如何变化。存在很多偶然性左右的成分。因此，试图变革社会走上“好”方向的主体（们）的行动可能最终导致社会走上“坏”方向。

用过去的结构主义的说法，人们可以采取准确把握“结构”，并探明“主体”原本存在方式的策略。然而，在后结构主义中，变动性因素较多，甚至连“正常”与“异常”之间的界线也变得模糊不清。

正因为“结构”和“主体”两者都充满不确定性，极具流动性的后结构主义世界观与1968年学生运动（五月革命）前后法国不透明的无政府主义政治文化、氛围奇妙地契合，逐渐渗透到年轻人中间。

最初被视为结构主义哲学家的一员，后来成为“后结构主义旗手”的福柯（Michel Foucault，1926—1984）（他自己既没有将自己定义为结构主义者，也没有定义为后结构主义者）在他的主要著作《词与物》（1966）中发表了令人震惊的声明——随着西方现代社会一同诞生的“人”的概念已经完成了其历史角色，正迎来“终结”的时刻。进入现代以来，人们构建出作为“理性”主体的“人”的标准形象，并不断追求实现这一标准形象。但与此同时，也试图压制那些背离了这种“理性”的他者，比如精神病患者或同性恋者，将这些“理性之外的他者”强行塞进“正常”即“规范性（normalité）”的框架之内。根据福柯的说法，对于统一标准的“人”的概念来说，其终结是值得欢迎的。这一终结标志着一种更加多元化和复杂化的理解人类存在的方式，同时也反映了社会和文化的多样性。

法国学界紧随着米歇尔·福柯登场的是吉尔·德勒兹（Gilles Louis René Deleuze，1925—1995）、费利克斯·瓜塔里（Pierre-Félix Guattari，1930—1992）、雅克·德里达（Jacques Derrida，1930—2004）、让-弗朗索瓦·利奥塔（Jean-François Lyotard，1924—1988）等一系列思想家。虽然他们各自的方式不同，但共同描绘出了迄今为止被认为难以撼动的哲学和伦理学基本概念——如“人类”“主体”“自由”“历史”等——正在经历流动化、“世界”也处于动荡之中的图景。这些批判性知识分子认为，在“主体性”地参与“革命性实践”之前，世界已经开始解体了。

这种后结构主义思想的形成经历了与以法国共产党为代表的正统派马克思主义，以及萨特等人代表的批判地继承了笛卡儿以来理性主义明辨哲学传统的智识理论等的对决，绝非一时的突发奇想。然而，在德国和日本，1980 年代突然之间只引入“结论”，而跳过了 1960 年代到 1970 年代的中间过程，因此这种思想给人留下一种姑且提出一些不寻常的观点，以博得众人关注的印象。

由于被简单地理解为不仅是在作秀，而且试图破坏“人类”这一概念，导致这两个国家中的正统派批判性知识分子，包括马克思主义者和市民社会支持者都对后结构主义表示出了萨特式的拒绝和反感，将其视为否定政治改革可能性的危险思想。

此外，这两个国家最初接受后结构主义的不是纯粹的哲学家或政治思想家，而主要是文学评论家和文学家，这也加深了人们认为后结构主义是以文学修辞的方式嘲讽政治的印象。

当然，德国和日本都有发表政治言论并产生巨大影响的文学家和评论家，如格拉斯和大江健三郎。因此，不应简单地将文学与政治分隔开。但是，日本和德国两国以格拉斯和大江为代表的文学家的政治发言通常都非常“浅显易懂”。站在马克思主义的角度来看，他们具有明显的党派性。

与此相对的，结构主义及后结构主义言论将现代性“主体”概念自我解构，本身就很复杂且难以理解，因此从中解读政治含义相当困难。这种“本来就难以理解的思想”，如果在没有易懂的解释的情况下，直接用非常专业的文学批评术语表达的话，就变得几乎难以触碰。曾经习惯于像格拉斯和大江这样单纯的“政治性”思考的左翼知识分子们目睹了“不可理解之物”被文学杂志奉为新政治和社会思想的可能性之时，也难免会产生一种“他们在开玩笑”的印象。

在日本，由于存在像吉本的共同幻想论这样从文艺批评角度使西方现代相对化的论述，因此起到一定程度的缓冲作用。但是在被誉为近代理性主义最后巨擘的哈贝马斯具有绝对影响力的德国，几乎不存在对通过文学和艺术论介入的后结构主义的缓冲。此外，法国的后结构主义者们喜欢赞扬尼采和海德格尔等在德国被视为通往纳粹主义而敬而远之的危险思想，这也成为德国批判性知识分子不满的原因。

德国的后现代主义

在德国，尤其是通过文艺批评，推动引入“后现代主义”的主要人物包括：与哈贝马斯围绕统一德国的国家身份认同进行争论的卡尔·海因茨·博雷尔，以及试图应用结构主义、后结构主义方法来重新构建现代德国的思想史和文学史的战后出生的理论家——曼弗雷德·弗兰克（Manfred Frank，1945—　）、约生·霍利西（(Jochen Hörisch，1951—　）和韦因弗莱德·迈因豪斯（Winfried Menninghaus，1952—　）等。

他们战略性地重视过去一直被视为非理性化代表的“德国浪漫主

义”思想、文学和美学，与此相对的是由“康德→费希特→黑格尔→马克思→哈贝马斯”延续发展的德国现代精神史的“正统”谱系（以实现西方市民社会为志向的理性主义），他们将前者视为不同于后者的“另一种现代”的可能性，并试图实现这种可能性。自托马斯·曼以来的刻板化左翼批评观点认为“浪漫主义会唤起对古老、美好的自然传统的乡愁，成为纳粹主义的温床”。为了避开这种批评，他们利用了“后现代主义”，体现在以下两个方面。

首先，他们指出：在德国，浪漫主义思想一直贴有政治上消极的标签，比如厌恶市民社会理性的非理性主义，或逃避现实的唯美主义等。与此相对，这种浪漫主义思想在法国被波德莱尔和超现实主义者接受，经过莫里斯·布朗肖（Maurice Blanchot，1907—2003）的批评理论，对德里达、利奥塔等人的后结构主义思想产生了影响。他们通过指出法国人比德国人更了解“德国浪漫主义”的“本质”，进而凸显出将浪漫主义视为洪水猛兽的哈贝马斯等市民派的见识之短浅。

博雷尔的《浪漫主义的批判》（1989）是在这个方向上的代表作。在这本书中，他试图平行地描绘出自德国现代理性主义鼻祖黑格尔批判自己的竞争对手谢林和早期浪漫派（谢林是德国观念论哲学家，同时也作为浪漫派思想家和美学家而闻名）的思想是无能地逃避现实以来，德国左翼自由主义之间对“浪漫主义”偏见蔓延的过程，以及其在法国收到的积极评价。

据博雷尔说，对于被单一的历史进步观和理性主义禁锢的德国左翼知识分子来说，通过引入“美”的视点，可以促使他们反思自己对日常

“现实”的“（僵化）视角”，并使他们对“现实”的看法更加多样化，这正是浪漫派“批评”理论的卓越之处，但左翼知识分子却无法理解这一点。

其次，他们通过指出早期浪漫派，特别是弗里德里希·施勒格尔（Friedrich Schlegel，1772—1829）和诺瓦利斯（Novalis，1772—1801）的“批评”理论本身与拉康的精神分析、德里达的解构主义有相似之处，进而强调浪漫主义的“先驱性”。虽然法国现代思想与浪漫派之间的共性问题并不那么简单，但如果一定要简单总结的话，可以说在“写作”（法语中的“écriture”一词，既指写作的行为，又指写出来的东西）中，“意义”会超越到写作“主体（作者）”的“意图”之外，实现“意义”的自我扩展。

通常情况下，文章（不局限于文学作品）面向的是与自己处于相同语言文化圈的“他者”，通过向他者学习他者的语言（并非自己从零开始的发明）来书写。因此，未必是“主体（作者）”本意的内容会在写作过程中自动显现，读者有时会比作者更早地解读出这些内容。例如，与性别、性取向、家庭关系、民族身份认同等有关的各种“意义”可能已经在“我”自身不知晓的情况下被写入“我”的内心，而这些“意义”则很容易又通过“我”的写作行为浮现在文本中。

早期浪漫派将文艺“批评”视为一种探索隐藏在“作者意图”背后的“意义”的努力，并试图将这种方法应用于除文学以外的艺术批评、思想史甚至政治评论等领域。正如前文提到的，结构主义及后结构主义追求探索存在于“主体”背后，驱动主体的不可见的X，因此与浪漫派的“批评”观念有相当多的共通之处。

尤其是德里达在其著作《播撒》（1971）中，从多个角度探讨了作为书写的“文本”与包围“文本”的语境之间的关系。他的这些讨论在相当大的程度上基于诺瓦利斯的文本理论。

在法国哲学家中，被认为与德里达最接近的菲利普·拉库-拉巴特（Phillipe Lacoue-Labarthe，1940—2007）和让-吕克·南希（Jean-Luc Nancy，1940—2021）在汇集了早期浪漫派批评理论主要文献的论文集《文艺的绝对者》（1978）中，进一步证明了早期浪漫派和德里达式的“解构”策略之间的相似性。弗兰克的《早期浪漫派美学导论》（1989）和迈因豪斯的《无限的二重化》（1987）则侧重挖掘这种相似性，试图联结后现代主义和德国思想。关于这些重新引入早期浪漫派的尝试，可参考拙作《现代的冲突》（御茶水书房，2001）。

如果仅仅是将对德国浪漫派批评理论的再评价作为解释超越作者或创作者“意图”的“无意识结构”的方法论，并不会引起哈贝马斯等人的不满。相反，这可以被看作是对不同于黑格尔与马克思的“另一种德国现代思想遗产”的评价。然而，当联结浪漫派与后结构主义的“（上下文）中的主体分散化（播撒）”这一问题的设定超出了被限定的文学和艺术领域，波及实践哲学和政治思想领域，情况就会变得非常复杂。

当浪漫派和后结构主义的“写作-作者（主体）”的相互关系论被作为比理性“主体”更普遍的问题而展开时，便会引发根本性的疑问，即“对于讲着自己内在无意识领域的语言，在自己的行为中表现出来的‘主体’这样一个不确定的东西，为什么还要相信它？”

即使哈贝马斯理论中“沟通理性”的“主体”们自认为在交流中具有主体性，实际上可能也仅仅是陷入了一种他们不自知的全体主义意识形态中，受到思想控制，并被误导认为彼此之间“达成共识”。如果承认主体无法完全理性地自我控制，那么哈贝马斯等人试图培养在西方市民社会中进行交流的“主体”的努力可能会变得徒劳。

此外，法国现代思想中的观点认为，主体并非字面上“主观地”表达自我，而是通过类似包含了自己不想说的内容的“无意识”“结构”“写作”等来表达。这种观点与认为“人类（主体）并非通过语言来表达自我，而是语言通过人类（主体）来表达”的海德格尔语言论的中心命题相当接近。

过于轻信联结后结构主义的浪漫派“批评”理论的有效性，可能会导致接受法兰克福学派宿敌海德格尔的思想，进而侵蚀交往行为理论的核心。

已经预测到后现代派思想攻势的哈贝马斯，在《现代性的哲学话语》（1985）中，一边暗示始于浪漫主义“现代美”的论述经过尼采、海德格尔等中间人，发展成为纳粹式的反现代主义，一边为保卫交往行为理论铺平了道路。

后现代的“媒体”论作为反批判性的理论方法，与强调浪漫主义与后结构主义之间关联的理论具有很大相似性。在这种情况下，“媒体”不仅仅是理性主体之间交流的工具，即哈贝马斯所理解的“交往（沟通）”，而且也在无意识层面控制着“主体”的“意图”本身。

人类日常使用的各种媒体，不仅包括所谓的“大众媒体”，还包括电话和信件等通讯工具，以语言为主的各种符号，绘画、映象等艺术作品，宗教仪式中的象征等。我们通过这些媒体相互交流、生活，而这些媒体也深刻地渗透到我们的“内在世界”中，从根本上规定着我们的思考方式。

比如说，在没有照片的时代，人们通过绘画和雕塑等媒体来感知他们从未亲历的事物，而现代人则通过电视图像和互联网来获取现实感。这种通过媒体呈现的经验有时甚至可以超越所谓的“真实体验”，因为被认为是通过五官获取的“真实体验”在很大程度上也是通过语言等媒体构建的。从这一意义而言，可以说我们始终以某种方式生活在被媒体“表象化（再现）”（represent）的“现实”当中。

霍利西主要关注文学作品，通过文学和思想史的角度追溯基督教文化圈不同时代主要媒体的表现方式，例如在教会中用于圣餐的“面包和葡萄酒”、货币、电子媒体等，并试图描绘“媒体与主体”之间的关系如何随着时间的推移而变化。媒体美学家弗里德里希·基特勒（Friedrich A. Kittler，1943—2011）将主张各个主体通过与媒体的互动和通过媒体进行的交流来形成自我的马歇尔·麦克卢汉（Herbert Marshall McLuhan，1911—1980）的媒体理论与福柯的知识考古学相结合，从社会史的角度描述了 20 世纪以来的变迁：随着打字机、摄影、留声机、电影等记录媒体的出现，一直以来以铅字印刷作为主要记录媒体的“知识”状态大为改变，进而导致从根本上规定我们世界观的框架本身发生了深刻变化。

媒体学理论家诺伯特·博尔兹（Norbert Bolz，1953—　）试图将麦克卢汉的理论与卢曼的系统论结合起来，在哲学上确立了一个观点，即主体的知觉能力受到社交媒体的制约。这一观点从正面向哈贝马斯一派的交往行为理论发起了挑战。互联网、虚拟现实等明显对“主体”的思考和知觉产生影响，对于这些易于理解的媒体的分析，相对于只依赖沟通理性的哈贝马斯，博尔兹的观点更具优势。他批评像哈贝马斯那样对“理性人类”抱有过度期望的社会理论，最终只会使人与人之间的沟通渠道狭隘化，生产出相同思维、以同样方式传递相同信息的枯燥呆板的人。博尔兹的立场是，我们应该以不同文化、时代和情境下沟通媒体对应的形式来面对各种形式的沟通交往形态，甚至包括那些在西方理性且善良的市民看来只是非理性、非人道的事物在内的形态。

批判理论的“原点”？

在从浪漫主义复兴论和媒介哲学论的立场出发，挑战哈贝马斯式批判知性的诸多理论家当中，与早期法兰克福学派非常接近的文艺评论家、美学家瓦尔特·本雅明（1892—1940）的工作留下了先驱性的成就。

本雅明以一种全新的方式重新解读了马克思的《资本论》，即不仅仅从劳动带来“生产”的角度，更重要的是从“商品世界”的拜物教性质（引导消费的诱惑作用）这一角度的分析。他重新定义了唯物史观，将其视为一种与简单的经济基础决定论不同的历史观，即将作为试图通过商品生产或艺术创作的形式重建与“失落的自然”的羁绊——这种人类乌托邦愿望挫折的记录视为“历史”的历史观。本雅明的思想对德里达等后结构主义，以及文化研究产生了巨大的影响，他在现代思想中占据着重要的位置。尤其是他对早期阿多诺的影响是显著的，阿多诺通过观察对象的“细节”中的“微妙差异”来解读“历史”的“意义”的美学和文化产业批判方法，被认为是如果没有与本雅明的思想互动，是无法形成的。

本雅明的重要著作包括：《德国浪漫派的艺术批评概念》（1919）和《机械复制时代的艺术作品》（1936）。前者站在弗里德里希·施勒格尔、诺瓦利斯等早期浪漫主义者的视角，讨论了德国观念论的主体中心主义的内在矛盾。后者讨论了作为感知主体的人类的感性、思想与（美学）媒体之间的历史演变，范围涉及从古代宗教仪式中使用的神圣媒介，到应用了摄影、留声机和电影等当时最先进复制技术的媒体。

在后现代“批评理论”的背景下，本雅明的这些文本，以及明确承认受到其影响的阿多诺的美学相关文本经常被引用。从某种意义上说，这是一种很难被忽视的，与引用马克思以批评马克思主义者相类似的战略和学派。在战后出生的第三代学者中，也有一些人部分地响应了后现代主义的动向，标榜本雅明-阿多诺的回归。

目前，本雅明最受关注的成就可能是他因逃离纳粹未果最终自杀而未完成的遗作片段集《拱廊计划》。

在这个作品中，本雅明以“游荡者”[1] 的视角描绘了巴黎市中心的巷道（拱廊）以及城市景观。他从商品发出的乌托邦式幻觉效应的角度，分析了在城市空间中以各种方式“表象化”即“再现”了的资产阶

1 法语“flâneur”可译为“浪荡子”“闲逛者”“游手好闲者”“漫游者”等。

级欲望。这里所说的幻觉效应，是指通过将光线照射到平平无奇的普通物体上，使其在屏幕上投射出巨大的怪物般的影子的幻灯装置。

马克思在解释《资本论》中的“拜物教”一词时，用了“幻觉形态”这个比喻。在以市场为中心形成的特定社会关系这一屏幕内，“普通的物品”似乎变成了巨大的怪物，即发挥了无限的商品价值，激发了人们的消费欲望，从而加速了资本的循环。实际上，从 19 世纪后半叶开始，“流行”现象的出现正象征着这一点。尽管在使用价值方面几乎没有区别，但仅仅因为添加了“微妙的差异”，普通商品就能够吸引人们的关注目光，从而迅速升值。

马克思并没有深入分析作为幻灯术的原动力——光（消费主体的欲望），但本雅明试图从他自己独特的“唯物史观”中解读这一概念。自从人类的“历史”开始以来，成为独立的“理性主体”的人类一直对与“自然”一体的“太古”（的表象）抱有憧憬，并试图在自身生活的环境中“再现”它，通过各种技术来激发“自然”的力量，并将其变为自己的财富。然而，这一努力往往导致了对“自然”的破坏，最终使“我们”与“自然”更加疏远。举一个明显的例子，为了在室内再现热带地区的丰富自然景观，可以引进热带地区的珍稀动植物标本，或者前往度假胜地直接与自然接触。为了提供这种商品和服务，将不可避免地容许资本对自然的开发和破坏，而且消费者通常需要花费更多的金钱，因此需要更多时间从事机械化劳动，远离人类的“自然存在方式”。

为了“弥补”人在文明状态下失去的自然状态下具备的运动能力和体温调节能力，人们利用化石燃料和矿物资源来生产铁路和汽车，并制造室内冷暖设备。然而，如此一来却造成了更多的自然破坏，同时也使我们的身体逐渐适应了文明的便利工具，从而进一步远离自然。人们试图通过使用药物来恢复“自然而生动的身体感知能力”，这却是在进一步破坏身体，甚至连似乎原本仅存的一点“自然感知能力”也消失殆尽。现代人寻求“更自然的东西（与本来的身体感受性密不可分的东西）”的消费志向潜在地包含这样的矛盾。

我们原本就已经无法想象“本质的自然”是什么，但当我们试图通过“货币”和“技术”来接近“自然”时，又会进一步疏远自然。然而，大都市的商品世界通过精心设计的美学表象装置将人们纳入到幻觉效应的磁场中，使人们忘记了这种矛盾，激发出更强烈的回归自然的愿望。持续自我再生产的商品世界通过幻觉效应不断创造出新的潮流，使大众的欲望多样化，因此在其内部存在着许多龃龉之处。在陈列着豪华商品的拱廊背后，隐藏着以捡垃圾、卖淫为生的人，以及支配和监管他们的人等。他们都是隐藏在货币“背后”的存在，有时也会显现于“表面”。

此外，在“表面”的表象装置中，如果仔细观察，也会发现很多奇怪的东西。例如，对于那些习惯于将埃菲尔铁塔视为巴黎标志性建筑的人来说，它是奢华的象征；但对于那些认为建筑物应该被墙壁完全覆盖以装扮得更“自然”的人来说，它是难以接受的。城市建筑物、照明、广告、大众艺术等，追求以一种之前无人想象过的“新方式”来“再现”“自然”，因此不可避免地引入了相当程度的“不规则性”，不同的城市居民对此的价值评估也会产生很大分歧。在城市的表象空间中，规则性与不规则性的边界不断变化。

像本雅明这样的“游荡者”正是在商品世界中“浮现”的人，也就是说，这些人在一定程度上被幻觉效应所吸引，但并没有完全被其所束缚，而是在梦幻中部分觉醒的人。如果完全被吸收，那么他们可以毫不纠结地相信“进步”梦想并前进，而如果完全“醒来”（什么时候可以说一个人完全“醒来”一直是一个问题），那么他们也许会放弃在城市的舒适生活，追求自己的独特生活方式，但由于身体已经部分地适应了城市氛围，即使城市空间变得杂乱不堪，充斥着错综复杂的表象，有时甚至像在地狱一样，他们也很难脱身。

“游荡者”在商品世界发出的幻觉效应的陶醉感与在幻灭时（对自然的）失落感之间交互体验。他们类似于达达主义和超现实主义艺术家，试图通过收集城市抛弃的垃圾并将其艺术化，从而产生新的意义。

因此，本雅明的“游荡者”在幻觉与清醒之间不断徘徊，不能成为标榜打倒资本主义体制、全面解放自我的、具有强烈马克思主义抵抗精神的主体，也不能成为积极追求经济利益的计算理性主体。由于不能跟上使商品世界看起来生机勃勃的资本的快速旋转，稍微觉醒的游荡者是一个自己无法确定方向的不可靠主体。当然，不仅是作为观察者的游荡者，活在“历史”中的所有主体，在集体无意识层面上都受到一种试图恢复与自然的一体性却无法实现的乌托邦愿望的诱导，永远不会完全“觉醒”。施加幻觉效应的商品世界是推动“历史”的原动力——人们的乌托邦愿望——最终凝结成的表象空间，只要我们还怀抱有乌托邦愿望，就无法从这个空间的束缚中解脱出来。

本雅明所关注的“游荡者”式的“主体”由于无法追上被乌托邦愿

望诱导的“历史的进步”而滞后，正因如此，得以能够窥见隐藏在幻觉背后的一种“自然已经过去的废墟”，却无法完全“觉醒”。在意识到“觉醒”的瞬间，他们将再次完全陷入对不同形式的进步——例如，斯大林主义以重工业为中心的社会主义建设——的乌托邦愿望的囚牢，这是一种自相矛盾的存在。

关于在被作为“历史”的最终目标（但实际上无法实现的）——“终结（End）”——的乌托邦愿望的捉弄下，无法完全“觉醒”的游荡者式的弱主体性的讨论，看似与既不依赖“主体”也不依赖“结构”的后现代思潮非常契合，但与通常的马克思主义左派所依据的“革命的主体”，或哈贝马斯的“沟通理性主体”等具有启蒙性的强大主体形象相去甚远。甚至阿多诺最初也因为本雅明的拱廊（原意为“通道”）出口的缺失而倍感焦急，他警告应当展现“觉醒”的契机。本雅明的思想充满了不确定的风险，不知道它将引领人们走向何方。

早期法兰克福学派与本雅明的关系成为了该学派脱离正统唯物史观，转向新马克思主义的契机，具有讽刺意味的是，对现代学派而言，这种关系也成为一个敏感的问题，因为回归本雅明意味着承认后现代主义的论点。

在日本，直到1990年代，本雅明只在少数德国文学研究者中以一个简单的“与阿多诺有关的文学评论家”的身份而被了解，但后来他被重新接纳为“对法国的后结构主义也产生了影响的极富时代感的思想家”。重新评价本雅明的核心人物主要是以介绍哈贝马斯而闻名的三岛宪一（1942—　），以及法国结构主义的马克思主义研究者今村仁司

（1942—2007）。通过他们翻译和介绍《拱廊计划》，日本的后现代主义思想家和文艺理论家们开始频繁引用本雅明的思想，但由于对以哈贝马斯为代表的法兰克福学派（市民社会拥护派）和受到德里达影响的后结构主义派（其中有一些是自称“新法兰克福学派”的挑衅者）围绕对德国浪漫主义的再评价，以及交往行为理论的讨论这一德国思想界的背景未得到充分的整理和介绍，因此重新接受本雅明似乎缺乏紧张感，只是一种流于表面的接受。

在日本，不存在法兰克福学派试图将本雅明限定在批判理论框架内，以及后结构主义派试图最大程度地展现其后现代主义特质的对立结构。在我看来，这种情况可能是因为在 1980 年代，未带有过多政治色彩的后结构主义法国现代思想在思想市场上掀起了一股热潮。于是，那些研究和介绍现代西德左翼思想和文学的人们似乎只是被动地拥护本雅明的形象，本雅明自称是马克思主义者，但并没有标榜暴力革命，相反，更倾向于温和的氛围，法国人似乎也很喜欢接受他。

另一方面，“法国人”即使知道德里达、拉库-拉巴特等人高度评价本雅明，但他们实际上并不太了解德国思想，所以也会不知不觉地与那些想着无论如何要先利用本雅明的、顽固“热爱德国思想”的人产生某种程度的共鸣。

在日本，西方思想经常从其本来的思想史脉络中被截然切断，选取当下流行的部分引入——这一丸山真男的命题，在后现代主义的引入方面也被证实了。

在日本传播的后现代主义思潮

众所周知，在日本，催生出法国式后现代主义流行契机的是浅田彰（1957— ）。他将那些即使是对德国和法国的思想、文学有相当造诣的人而言，直接阅读也会觉得晦涩难懂的法国后结构主义思想，以散文随笔的形式介绍、引入现代日本社会。他的主要作品《结构与力》（1983）销量超过十万册，如书名所示，该书探讨了规定结构主义试图解释的主体的“结构”的作用，与“结构”内部流动化（难以通过理性计算捕捉）的“力”之间的关系。浅田的特点在于以轻松的笔调描绘了一个深埋于“结构”内部的复位装置——即使没有像左翼的（非）理性实践主体那样刻意破坏“结构”，“结构”本身也会在内部自我解体。

在随后的第二年，他出版了《逃走论》（1984），在更轻松的氛围中概述了日本的思想状况。他选择了不向资本主义现实发起正面“挑战”，但为了避免被资本的逻辑所束缚而持续“逃离”的姿态。这种“逃离”同时也是另一种意义上的逃离，即逃离为对抗资本主义现代理性而倾向于在建立“另一种理性”道路上狂奔的马克思主义。

浅田论点的依据来自从后结构主义的视角预测了高度发达的以消费为中心的资本主义社会未来的德勒兹和伽塔利（Pierre-Félix Guattari，1930—1992)共著的《反俄狄浦斯》（1972）、《千高原》（1980）。简单而言，其论点的大前提是一直以来支撑资本主义生产的“主体”已经开始自我瓦解。

在现代市民社会中，从事资本主义生产劳动的“主体”基本上是在构成俄狄浦斯三角关系的“核心家庭”中培养成长。所谓“俄狄浦斯三角关系”是指，父亲作为母亲的支配者介入母亲和幼儿之间的亲密关系，从而形成亲子之间的紧张关系。幼儿被迫反思母亲不是属于自己而是属于父亲的事实，最初会对父亲产生反感，试图让母亲成为自己的，但逐渐意识到要重新占有母亲，必须变成像父亲一样独立的“主体”。这就是俄狄浦斯情结，即在憎恨父亲的同时，试图模仿父亲的“主体性”从而取代他。

现代资本主义的生产体制通过这种核心家庭中的父权再生产来实现“再生产”，但随着生产导向的经济高速增长结束，进入消费资本主义阶段，这个体制已经不再有效运作。

这一情况在日本表现为，应试妈妈对孩子的教育口头禅从“为了成为爸爸一样优秀的人，而要努力学习”转变为“为了不成为爸爸那样，而要努力学习”。随着经济高速增长的目标实现，生产主体的模型逐渐消失。在过去，人们以追赶和超越为目标，追求财富的积累，但现在，这些“成年人”不再是榜样。后现代的“孩子们”表现出一种精神分裂的行为模式，他们不会固执于特定事物，一会儿热衷于某个事物，下一刻又分心，关注其他事物。简而言之，他们没有明确的人际身份认同，仍然像“孩子”一样。

浅田将后结构主义语境中涌现出的“流动主体”的形象描绘成可以从竞争社会中轻松“逃离”的“精神分裂的孩子们（schizo kids）”，而不是“掉队者”。

浅田公式化中的“精神分裂的孩子们”的战略精髓在于“既拒绝[1]又参与[2]，既参与又拒绝”。这里的“参与”指的是积极投入特定目标或活动的态度，而“拒绝”则表示不全然沉浸其中，保持一定距离，这种态度用本雅明的术语来说，就是一种“游荡者”的姿态。

“孩子”希望能够毫无拘束地投入自己喜欢的事物，但一旦变得过于“认真”，就容易陷入经历俄狄浦斯情结的现代性主体的妄想症世界。所以，要在适当的时候轻松一下，避免过于“拼命”，这对于1980年代的年轻人来说是一个很好的建议，他们已经厌倦了成为企业战士化的生产主体或试图破坏现有秩序的抵抗主体。

“精神分裂的孩子们”试图巧妙回避成为“主体”的战略乍看上去，是一种政治冷感的表现，但也有不同角度的观点认为，其本质上带有一种“终极的政治性”——宣告了鼓励人们自觉陷入鲜明的左右二元对立思维的马克思主义派和市民派理论的无效。然而，左翼可能对这种“批判”反应迟钝。

浅田彰本身是一位经济学家，同时研究法国结构主义马克思主义者路易·阿尔都塞（1918—1990），因此他与左翼思想绝非毫无关联。但由于他的文风过于“法国式”，也就是说，过于轻松，因此，传统左翼一开始并没有将他视为必须正面对抗的“敌人”。也许他们只是讨厌他，将他视为不认真、不关心政治的年轻人的代表。同样，与浅田差不多同辈的田中康夫（1956—　），出版的《总觉得，水晶样》（1980）一

1　日文原文为“シラケ”，不关心的意思。
2　日文原文为“ノリ”，乘坐车船的意思。

书曾风靡一时，当时他也被视为代表了不认真、主体性薄弱的现代年轻人的轻松的、政治冷感的作家。

与浅田一起，对将后结构主义引入日本思想界做出贡献的人还包括：莲实重彦（1936—2001），他融合了围绕福楼拜等作家的法国文学研究和电影评论，开创了表象文化论；柄谷行人（1941— ），他虽然以“内向一代”的文学评论家身份而闻名，但也逐渐采用后结构主义的方法；经济人类学家栗本慎一郎（1941— ），他运用巴塔耶（Georges Bataille，1897—1962）的“过剩—耗费”理论，撰写了一些轻松的著作，如《穿裤子的猴子》（1981）等，引起了关注；宗教人类学家中泽新一（1950— ），他结合了克里斯特瓦（Julia Kristeva，1941— ）的女性主义精神分析和符号理论，以及宗教体验的田野研究，开创了自己独特的研究领域。这些人都不局限于狭义的哲学或政治思想专业，而是在多领域进行跨学科研究。

新学院派的表演

浅田、中泽等人的活动场所、运用的表现媒体，以及措辞，与传统通识教育文科学院派相当不同，更接近于新闻业和娱乐界，因此他们被称为“新学院派”的旗手。虽然明星学者以浅显易懂的语言在电视等大众媒体上分享他们的研究成果并不是什么新鲜事，然而，新学术主义者的特点在于，他们的主要活动从一开始就很难明确界定是学术研究还是明星式的表演。

栗本参与制作影视系列“假面骑士”之事已众所周知，莲实的电影评论和棒球评论是否属于学术研究也不得而知。中泽基于藏传佛教修行体验的写作也让人分不清究竟是论文还是散文，也正是这个原因，导致在1988年东大驹场教养学部围绕是否录用中泽的问题上引发了人事纷争，强力支持中泽的西部迈（1939—2018）等人辞职。他们经常与艺术家或娱乐明星，而不是学者或评论家，进行对话，并在杂志等媒体上发表这些对话的内容。

进入1990年代，宫台真司采取了与从事援助交际的少女们实际接触的相当危险的研究方法，引发了争议。这种将“危险行为”都视为“新知识的存在方式”的策略，在某种意义上可以看作是新学院派氛围的延续。如今，新学院派的“表演”并不罕见，它与传统的批判性知识分子在参与马克思主义左派活动时表现出的态度相当不同。

这种新学院派的形象，在“知识分子”，尤其是在大学教书的“学者”的固定形象时至今日依然强烈残存着的德国，是难以想象的。

在之后的内容中还会提到，德国的“知识分子”，即使发表政治性言论，也会选择具有高度知识权威的“文字”媒体（典型代表是苏尔坎普出版社，相当于日本的岩波书店），以此来向民众发声。他们通常不轻易接受大众媒体的采访。这在德国是不言自明的。

此外，德国直到1984年才在电视中引入常规的商业广告，第一个民营电视频道的开播也比较晚，始于1987年。因此，最主流的大众媒体——电视节目的内容本身一直相对较为保守，直到1990年代中期，像NHK一样严肃的节目还占据着主导地位。对于“知识分子”而言，几乎不存在可以发表非专家言论和说教等“与众不同的表现言论”的场合。

1995 年至 1996 年间，我在约生·霍利西的指导下留学学习，当时他的亲密友人博尔兹曾出现在德国电信广告中。站在日本人的角度来看，这个广告并没有什么过激之处，只是一个普通的推销广告。然而，当我看到他在课堂上以非常认真的表情谈论这件事并表示震惊时，我再次意识到了日本的常识与德国的不同。从这个意义上来看，可以说日本媒体对学者在广告中亮相的柔软态度可能为以新学院派形式出现的后现代主义的传播和扎根提供了便利。

同样，媒体社会学家北田晓大（1971—　）在他的著作《可笑的日本民族主义》（2005）中也指出，从现在的时间点来看，后现代主义、新学院派的言行在与印刷媒体相结合的通识教养主义“知识分子”的存在方式，以及对以大学为中心的学院派进行挑战的意义方面，具有相当多的“政治因素”。然而，“传统的左翼知识分子”在这方面却看不到其政治性主张。对左翼知识分子来说，“表演”并不是“思想”，也不属于马克思主义意义上的“思想与实践”的范畴。

后现代主义的讨论主要集中在现代年轻人内心怀有的关于身份认同的不安，即在从生产中心模式转变为消费中心模式的后期资本主义社会中，失去了“主体化”所需的支点和模型的不安，也就是常说的“不稳定化的个体”的问题。与之相反，马克思主义派和市民派依然在二元对立的框架中，思考在资本主义与社会主义、体制与反体制、权力与反权力之间发挥主体性的策略。这两者的思考方式存在很大差异，因此难以进行有意义的对话。后现代主义以不改革体制为前提，而是探讨其中

“个人的问题”（看似如此），这在传统左翼立场看来，只是一种“失败主义者”。恰恰因为他们是“失败主义者”，在政治上缺少热情，所以即使批判他们，他们也不是能够从真正意义上进行辩论回击的对手。

后结构主义主张，在比左翼所讲的“体制”更深层次的“结构”和“无意识”层面上，现代社会本身也受到了动摇，支撑我们的“主体性”基础受到了挑战。因此，给后现代主义贴上单纯意义上的“失败主义者”标签并不准确。然而，即便在后现代主义派内部，也没有“代表”站出来坚决为他们的立场辩护，因此并没有发生真正的对抗。

当然，原本自称为“后结构主义派”或者“新学院派”的群体并不是在某个明确的纲领下形成的，因此也可以说，没有出现“由代表进行的反驳”是理所当然的。因为有很多“后现代主义者”不喜欢被归类为“后现代主义”，所以情况相当复杂。如果说“后现代”的信条是“精神分裂的孩子们”那种“既拒绝又参与”的双重态度，那么他们没有积极追求与现代主义左翼之间二元对立式的对决，也许是理所当然的事情。

由于后现代系的人们利用像《现代思想》这样的思想综合杂志以及各种文艺杂志等媒体来传播他们的信息，这些媒体不仅与传统的学术界，而且与左翼政治言论没有太密切的联系，因此出现了一种情况，即倾向于左翼启蒙主义式倡导“（抵抗的）主体”的知识分子与不太相信“主体可能性”和“知识分子权威”的后现代派在互相嘲笑和谴责的同时，也在一定程度上“共存”，这是一种非常日本式的情况。当然，对于前者来说，界限准绳正在向愈发不利的方向推移。在德国，相当于由浪漫派、尼采、本雅明、海德格尔等形成的现代派与后现代派之间存在着对立争议，而日本则缺少这种明确的争论话题，因此“共存”在一段时间内似乎很顺利。与德国相比，后结构主义和“主体的消亡”等论题在日本的现代思想中得以相对容易地接受，这对日本的现代思想来说，既是幸运，也是不幸。

这种奇怪的“共存”状态结束于1990年代中期，当时被视为后结构主义巨擘的德里达出版了《马克思的幽灵》（1993）和《法律的力量》（1994）等书籍，开始讨论马克思主义法律和政治相关的问题。日本思想界似乎在呼应这一状况（尽管未必是在“模仿德里达”），研究德里达的领军人物高桥哲哉和鹈饲哲等此时开始与“正常国家”论、自由主义和新保守主义展开论战。

在高桥等人的引导下，现代思想的年轻研究者们开始从德里达、德勒兹等人复杂且富于修辞的文本中读取出“政治性”信息，这成为一种常规化做法。例如，德里达的《论语法学》（1967）的英文翻译者、印度裔美国教授佳亚特里·斯皮瓦克（Gayatri Chakravorty Spivak，1942—　）将德里达解构主义写作的阅读方法应用于女性主义批评和西方中心主义批评等领域，从而引领了“解构性女性主义”“后殖民研究”和“文化研究”等新趋势。到了2000年，柄谷和浅田发起了从“消费”层面对抗全球资本主义的新运动——“新联合主义运动”（NAM：New Associationist Movement），但这个运动在短时间内就消失了。

引发了这种“后现代的左转”的政治背景包括：①随着东西冷战格局的瓦解，马克思主义左派的影响力迅速下降，传统的二元对立框架相对偏“右”倾斜（美国型自由主义），导致了本来就包含在后现代言论中的反现代和反权威主义的政治性变得更加突出。②反权力言论不再轻易被等同和误解为马克思主义，这使得之前动辄受到压制的政治讨论更容易展开。③“后现代主义者”逐渐意识到如果持续回避“二元对立式的对抗”，最终只会使得“右派”力量不断强化。以朝日新闻和岩波书店为中心形成的左翼论坛，一直以来由马克思主义派和市民派占据主导地位，但这一主导地位逐渐被后现代主义左派取代。传统左派也在一定程度上改变了之前对后现代言论的排斥态度，开始逐渐倾听它们。

我认为这本身是一个良好的趋势，但由于现代主义左派和后现代派在思想上并没有真正展开过交锋，因此双方尚不明确为何应该融合。总之，有一种“非民族主义者联盟”大团结的感觉存在。没有了进行二元对立思考的传统左派，后现代派仅仅成为其“替代品”，因此缺乏思想上的说服力。关于为什么必须要解构现代性“二元对立”和“主体性”，后结构主义引入的初衷似乎变得很模糊。虽然提出这种观点可能会遭到后全共斗时代的后现代主义左派论客的批评，他们可能会说“现在不是拒绝的时候，而是参与的时候”，但这种情况似乎有着非常日本特色的一面。有关这些情况，我在《后现代的左转》（2002、2004）一书中进行了讨论。

媒体理论与“知识分子”的黄昏

在 1990 年代的日本，与德国一样，围绕以互联网为核心的新媒体问题逐渐成为当代思想的重要主题，这一潮流的先驱是曾被推崇为浅田彰以来现代思想杰出代表的东浩纪（1971— ）。东浩纪在最初的著作《存在论的、邮政的：论雅克·德里达》（1998）中，应用了德里达在《明信片》（*La carte postale*，1980）中所示的方法，试图将德里达对各种形式的写作（écriture）进行解构的过程，理解为对消息从一个文本传递到另一个文本的信息“错误投递”机制的解析。

在通常的“邮件”即“消息”情境中，消息会由“写信人”即“发送者”发往指定“收信人”即“阅读者”的形式投递。如果投递正确，那么由“书写主体”和“阅读主体”之间共享的代码将用于再现原始的“意义”，从而在“主体”之间建立正常的沟通。但如果消息被错误投递到了错误的地方，那么它可能看起来像一堆奇怪的文本的罗列，无法理解“写信人”写了什么，从而导致严重的沟通失误。

在由现代（相对均质）的理性“主体”构成的市民社会中，确定哪个“主体”，以何种意图，向哪个“主体”发送消息这一系列语境，并再现原始含义，是相对容易的。然而，在后现代情境下，信息传递渠道变得过于复杂多样，无法由类似中央邮局的机构进行单一管理，因此错误投递的消息数量急剧增加，导致甚至发件人也不清楚消息是错误投递还是正确送达的情况屡见不鲜。

将媒体作为传播途径，或者在互联网空间中，我们常常在不经意间发出一些言辞，这些言辞可能会在无关原始发送者意图的情况下传播开来，这被称为“误送”。实际上，我们经常在日常生活中经历“误送”。当自己发出的“误送”消息在不可预料的奇怪背景下回到自己手中时，我们甚至自己也不再确定当初发言时的真实意图。

德里达和东浩纪的著作标题中包含了“邮政（post）”这个词，其中自然也包含了后现代和后结构主义中的“后”这个前缀的含义。由于“误送”现象太过频繁显现，我们不得不重新面对一个问题，即“我自己”是否真的是“我的言辞”的主人，这便直接面对了海德格尔式的问题。就像通过精神分析揭示出“无意识”的语言“结构”问题一样，由“我”发出的言辞在“我”自己不知情的情况下被赋予了“意义”。如果“我”不是“我言辞”的主人，那么从一开始就不存在所谓的非误送的“真正消息”。如此一来，现代市民社会，甚至整个西方文明一直以来的“理性主体”假设便受到了根本性动摇，进入了“后现代”和“后存在论”的局面。

在东浩纪的《动物化的后现代》（2001）中，将焦点置于“误送”的终极表现形态群体上，具体而言，是指在日本的御宅族中，那些一边通过互联网访问各种数据库，一边自己创作以“萌”为特点的角色为主人公的故事并独自享受的进化后的动漫御宅族。

这些御宅族，对于参加理性主体之间的普遍性沟通网络并掌握在公共场合的正式行为的必要性并不认同，他们在自己创造的私密故事世界中自足。虽然他们并非完全不涉足社会，但一旦发现外界公共场合中的规范故事与他们不符，他们便会迅速离开，躲回属于自己的自由自在的小“故事”之中。他们并不试图内化或体现作为“人”的“普遍性”，而只是在当下情境中与眼前刹那所需的信息嬉戏玩耍。在这个意义上的“人性”的退化正是东浩纪所说的“动物化”。

已经完全“动物化”的动漫御宅族不必刻意去阅读像浅田和东浩纪

等“知识分子”写的“书”，而是自然而然地“实践”着“既拒绝又参与，既参与又拒绝”的生活状态。动物化的世界同时也是一个不需要知识分子启蒙或指引的世界。东浩纪自己也是一名宅文化爱好者，他的写作似乎宣告着与活字印刷绑定的现代哲学的终结。

东浩纪熟练地运用德里达在《明信片》中的方法，指出“哲学”的使命在于对支撑着印刷文化造就的信息传递回路的现代性“人”概念，以及与之相伴的对“人”的本质的探讨。而这样的“哲学”在后现代情境中的作用正在逐渐终结。在德国，也有类似的讨论。发起这种讨论的人是开创了德国思想界新潮流的彼得·斯洛特戴克（Peter Sloterdijk，1947— ），他在《犬儒理性的批判》（1983）一书中，以一种尖刻的讽刺方式，指出意识到人类自身是虚伪存在的启蒙理性的最后继承人——法兰克福学派已经陷入了犬儒主义的停滞状态。截至1990年代后期，斯洛特戴克一直以独立于大学之外的哲学家和评论家身份活动，与那些喜欢撰写硬核学术文章、给人以“理性至上主义”印象的学院派哲学家形成鲜明对比，他擅长撰写介于哲学论文和散文之间的性质的文章，这一点与日本的新学院派旗手们颇为相似。

他在1999年夏天发表文章《人类园诸规则》，以“作者”即“写作主体”向不特定的“读者”即“阅读主体”投递的“信函”为出发点，探讨了根植于西方文明的“人性”即“人文主义素养（humanitas）”[1]概念的传播，并将其视为社会整合的原理。

1 “humanitas”根据上下文译为“人文主义素养”或“人文精神”，“humanism”随文译为“人文主义”或“人道主义”。

在古希腊和罗马，参与公共场合辩论的“市民”被认为应当具备“人文精神（humanitas）”素质，这不是一种所有（在生物学意义上的）人都天生具备的特质，而是通过学习逻辑学、修辞学、说服对方的雄辩术等技巧，并在实际对话中应用这些技巧，通过自我训练获得的能力。在这个意义上，它是一种“教养”。这种作为“教养”的“人性”概念通过文艺复兴传承至现代市民社会，在德国也设立了以学习希腊语和拉丁语古典文本为目标，培养“人文精神”的中等教育机构，称为“人文主义（humanism）型文理中学”。

然而，以国民主权和人道主义（humanism）为政治最基本原则的市民社会，除了这种人为构建的“人性”之外，还发展出了即使缺乏任何“教养”、只要是人便与生俱来拥有的“人性”概念。从普遍的“人性”概念中，衍生出了普遍人权和法治下人人平等的思想。当然，这两种“人性”之间存在差异。因此，那些被期待能够连接这两种“人性”的角色，正是在18世纪，随着活字印刷媒体在市民中迅速传播，开始在公共舞台中展开言论活动的——尤其是德国的——启蒙式“知识分子”们。

他们认为，每个人都潜在地具备的“人性”可以通过人文主义教育加以培养，最终可以达到像古罗马哲学家西塞罗所理想化的崇高“人性”一样的境界。仔细想想，这其实是一个相当意识形态化的前提。然而，他们恰恰正是依据这样的前提，主要通过印刷媒体进行启蒙活动，引导普通大众尽可能接近终极目标。因为他们的使命是引导人们走向他们本来的“人性”，所以他们的角色至关重要。

然而，在仿照德国建立的日本大学中，作为西方现代化产物的二重“人性”概念没有得到充分接受。因此，“教养”教育只被视为纯粹智力锻炼式的预备教育。很多学生，甚至教师都不知道文学系部的学科为何被称为“人文科学（humanities）”。然而，在德国，这一“人文主义”的概念更具现实性。战后德国在“反省过去”的背景下，提出了“为什么人文主义教育没有成为对抗纳粹的防洪堤”的问题，而这种讨论之所以成立，是因为仍然存在着通过“人文主义”培养“人性”的信仰。

斯洛特戴克认为，包括这种现代化的“人性”概念在内，“人文主义”本质上只不过是将人类这种很容易回归到动物本能裸露状态的生物留在文明状态中的一种技术。柏拉图也曾说过，政治就是将人类这种动物按照其性质分类并进行品种改良的技术。哲学的主要任务就是从本质上规定理想的“人性”（主要是通过文字媒介）。虽然一直以来，哲学都在与政治协作来管理“人类园”，但正如尼采在《查拉图斯特拉如是说》中预见到的，这种管理能力已经达到了极限。

随着互联网作为一种通信工具的普及，曾经在文字印刷媒体中充满权威的哲学家和知识分子的影响力下降了。此外，当今随着基因科学的发展，克隆人类成为可能，从一个男性到另一个男性的“人文主义”的代际传承，变得不再必要。通过计算机和生物技术，我们可以随心所欲地复制“人类”，因此，通过古老的活字印刷媒体进行“人性”的低效管理已经不再需要。

作为这种被宣告为不再需要的、“拥护普遍人性的人文主义教养派知识分子”权威的哈贝马斯对此进行了激烈的反驳，他谴责斯洛特戴克肯定通过克隆实现“人类”品种改良的言论与纳粹的优生思想异曲同工。哈贝马斯的批评开启了发生在1999年夏秋之交，在“自由派左翼与后现代派”的对立格局之下，涉及生命伦理道德问题的“斯洛特戴克之争”。被指责为纳粹的斯洛特戴克本人也“反驳”称哈贝马斯等人装作不理解关于“人性终结”的文学修辞，强行发起批判攻势，这恰恰是活字印刷媒体知识分子进行最后无谓挣扎的表现。

虽然这不是非常富有成效的“辩论”，但从中似乎可以再次确认：在日本，人们轻而易举地接受了东浩纪的“动物化”论点，将其视为“最近年轻人考虑的有趣话题”，而在德国，人们在哲学上执着地追求动物性和人性之间的界限，两国在对活字印刷媒体文化的信赖性方面存在差异。

普遍性与故事之间

在斯洛特戴克之争发生不久前，哈贝马斯在另一个问题上也深陷争论的漩涡，这个问题更加具有政治现实性。1999年4月，他在《时代周报》上发表了一篇题为《兽性与人性：一场法律与道德边界上的战争》的文章，表明支持北约对科索沃实施空袭的立场。

当时，南斯拉夫（现塞尔维亚和黑山）的科索沃自治省内的阿尔巴尼亚族居民占多数，他们宣布独立。然而，南斯拉夫主要是由塞尔维亚族居民构成，塞尔维亚族多数派得到政府军的支持，正在进行针对阿尔巴尼亚族的武力镇压。以美国为首的北约出于所谓的“人道主义干涉”

立场，从同年 3 月开始对该自治省进行空袭，以阻止武装冲突。与南斯拉夫有着深厚历史关系的德国，曾经接纳了许多来自克罗地亚和斯洛文尼亚的劳工移民。自南斯拉夫冲突爆发以来，德国一直面临着一个相当严重的问题，即在面对塞尔维亚进行类似纳粹式的“民族清洗”政策时，应该采取什么态度。尽管应该阻止诉诸武力的大规模屠杀，但如果借用以美国为首的北约的强大军事力量来实现这一目标，可能会导致暴力冲突的升级，而且介入可能使情况进一步恶化，导致整个东欧局势不稳定，也会对德国产生影响。

对于德国的批判性知识分子来说，这个问题非常棘手，而哈贝马斯则明确表示，“空袭”是不可避免的。在文章中，哈贝马斯承认过去美国对地区冲突的干预存在某种程度上的随意性，但他试图从哲学角度证明，此次的干预不是美国单方面的权力政治，而是为了促成（正如康德所预见的）全球历史进程中“世界市民社会”的形成而采取的正当行动。

哈贝马斯的言论体现出一种将基于西方现代文明产物“普遍人性”的“世界市民社会”理念作为金科玉律，并认为对那些与此相悖的“低劣人性者”进行死刑制裁是无可奈何之事的姿态。这种似乎是在认同美国强硬立场的言论引发了许多左翼知识分子的反感。我的一位朋友，同时也是法兰克福学派的第三代学者亚历克斯·德米洛维奇（Alex Demirovic，1952—　），在 1999 年来日时曾表示：“我对哈贝马斯西方中心主义的理性信仰感到失望。如果这么说的话，被斯洛特戴克宣告学派的终结也是毫无办法的。”虽然在此之后，哈贝马斯和德里达一同对阿富汗战争和伊拉克战争进行了遣责，但战后出生的左翼知识分子还是无法抹去对他的“西方中心主义”思想的不信任感。

以对哈贝马斯的内部批判为契机，一直以来看不起后结构主义“文艺批评”的德国左翼知识分子开始重新审视西方的“理性”和“人性”概念，以及它们在具体政治和社会问题上的有效性。虽然哈贝马斯的“通过沟通理性进行对话”的虚构性已经显露出来，但目前尚未找到能代替它的批判性社会理论范式。

哈贝马斯的理论存在将西方“市民社会”过度理想化的倾向，其理论中对“西欧现代性”的追求是有问题的，因此不容易轻易接受类似英美自由主义正义理论的观点。但是，在政治、经济、大众文化等方面已经被纳入以美国为中心的“西方”阵营的德国知识分子来说，要像非西方世界的人一样依赖后殖民研究来重构自身的身份认同也是不现实的。就这一点而言，德国和难以被称之为是西方一部分的日本相比，情况有所不同。此外，如果草率地开始追求独特的身份认同，那么将可能会陷入与标榜“中欧”民族身份认同的保守主义相同的陷阱。由于当今的国内和国际局势已经发生了相当大的变化，因此即使提出“留在西方市民社会框架内，回归霍克海默、阿多诺的精神，继续进行理性批判”的口号，也不太具有说服力。

继哈贝马斯之后，1996 年就任法兰克福大学教授的阿克塞尔·霍耐特（Axel Honneth，1949—　）将讨论焦点转移到“理性沟通”成立的前提条件——人格的相互“承认”问题，探讨了后哈贝马斯的可能性。所谓“承认”理论，最初是由加拿大社会哲学家查尔斯·泰勒（Charles

Taylor，1931— ）提出的，他在多元文化主义共同体主义的立场下，将黑格尔的辩证法应用于文化身份认同问题，从而发展出这一论述。

每个人并不是从一开始就作为独立理性主体自立存在的，而是在各自所属的共同体中，通过与周围的他人交流，使“人格”得到他人的“承认”，从而表现为“自我”。相反，如果遭到周围他人的否定或轻视，就会陷入身份认同危机，连自己是谁也不清楚，就像在英语和法语区旧殖民地出身者家庭长大的许多人一样。

泰勒本人的论述是将以语言和族群为基础的文化共同体作为对“人格”给予“承认”的参照群体。而霍耐特则将其进一步概括，认为共享亚文化的年轻人群体、市民自由组织等也可以被视为“承认”发生的场所。我们都在不同层面上努力争取他人的“承认”，以成为理性的主体。

他虽然在讨论中努力避免将“民族共同体”作为“承认”的最终母体，但在德国国内外的左翼自由主义中，还是有不少人担心他的“承认理论”可能会导向“右倾的共同体主义”。由于霍耐特的框架没有预先设定将“普遍理性”作为引导所有人的准则，因此很难预测哪种形式的“承认”将有助于个体的身份稳定，这可能导致“民族共同体”的“承认”占据主导地位——理论上不能排除这种可能性。在德国的文化共同体中难以获得承认的人可能会更倾向于寻找适合自己的其他共同体，从而导致事实上的分离主义。法国、奥地利等国家的极右翼政党也正是这样主张的。

日本的左翼知识分子（主要是后现代派的），尽管在形式上有所差异，但也同样面临着一个问题，即在放弃西方特色的“普遍理性”后应该依赖什么的问题。如果过于强调从“西方现代性”的政治和实际脱离，恐怕会像过去“超越现代性”的理论一样，被民族主义的言辞所吸引。

日本的后殖民主义政治思想的代表性人物是姜尚中（1950— ），他自1990年代后期以来开始批评丸山真男尝试建立战后日本的“市民社会”，他指出这个概念实际上是以极度均质的“国民国家”为前提才能成立，并未考虑如何让类似在日韩国及朝鲜人等少数民族群体参与进来。姜尚中进一步批评了丸山隐藏的“封闭的日本性”。姜尚中和小森阳一等人坚持的批判使得日本左翼人士逐渐认识到日本的现代化（西化）一直以来都是建立在以国民国家为基础的殖民地统治结构之上的。

然而，如果继马克思主义之后，甚至连像丸山式的市民社会理论都被抛弃的话，那么日本的批判性知识分子最终将失去发起“批判”的理论基础。如果开始探讨未曾受到西方式“国民国家”意识形态污染的日本固有的身份认同，那么结果可能会与自由主义历史观没有什么不同。由于西方各种现代性理念的失效，（原本是源于西方现代的）左派和右派之间的区别也变得很模糊，这正是后现代政治情境的特点。右翼人士可能会在不自觉的情况下转向左翼，反之亦然。

被认为是新保守主义者的西部迈和小林善范表明了立场，他们反对主张日本通过支持美国全球战略的形式来增强发言权的“卖国式”民族主义观点，而被认为是左派的宫台真司，却标榜日本应当建立以亚洲为轴心的独立的国家战略这种亚细亚主义。他们的观点彼此接近，这从过去的感觉来看，似乎是一种不可思议的情况。而在后现代主义左派批判之下拥护丸山、提倡植根于丸山式的自由主义和市民社会理论的非战哲学的小林正弥（1963—　），自称为“共同体主义者”，这似乎也是一种颇为扭曲的关系。

无论是在德国，还是日本，由于对一直以来作为批判社会思想模型的“西方现代性”的信赖产生动摇，处于言论活动最前线的知识分子们自身也逐渐陷入了不确定的状态，不知道是向“右”走还是向“左”走。不过，因为“西方现代性”从未真正在日本扎根，所以我觉得相对于德国，日本的不确定性可能会更高。

结　语

迄今为止，我们已经通过比较“战后责任”“国家”“马克思主义”和“后现代”这四个方面，概述了德国和日本战后思想的演变。总体而言，可以说尽管两者在很大程度上经历了相似的历程，但在关键点上仍存在明显的差异。

大体的相似之处在于，为了阻止战前民族主义性质的极权主义体制复活，以马克思主义为主轴的批判性社会思想经历了兴盛和衰退的过程，与之对抗的后现代思想的影响力则相对扩大。而关键的差异点则在于：德国原本在地理和历史上都处于西方文明的核心位置，却出现了纳粹大屠杀等极其负面的历史事件，成为冷战时期的最前线。对于这样的德国而言，与包括马克思主义在内的“现代”思想进行对抗是一个非常现实的问题，若干具体争议点已经被明确设定；而对于很难明确认定已成为“西方”一员的日本来说，关于“现代性”的批判常常显得模糊不清，甚至有时俨然如同与己无关的他人之事。

正因为是西方现代社会的一员，德国才容易陷入围绕现代性批判的自我束缚之中，而处于第三者位置的日本则看似轻松许多。但是，在这种模糊的背景下，“在将‘西方化’等同于‘现代化’来实现的过程中，面对其他亚洲国家展现出‘西方化’行为方式的日本这个国民国家究竟是怎样一种存在？”“在这种中间状态下，谁是讲述‘现代’‘后现代’的知识分子？”一旦认真思考这些问题，便会陷入丸山真男遭遇的困境。

正如开篇所述，我并不打算将德国人美化为道德高尚或理性丰富的民族，也不认为德国是一个容易居住的国家，尤其是面对许多在执行详细程序时吹毛求疵的德国人时——虽然我本人也有这样的倾向。然而，作为凝聚了西方矛盾的象征，我认为在德国，即使在涉及“相似”的主题上，辩论的焦点也往往更具体，对话更清晰，比在日本更容易展开。

在撰写本文的过程中，正值中国的民间抗议日本的游行声势愈演愈烈之际，与此相关的日本的“战争责任”问题再次成为聚光灯下的焦点。田原总一朗曾在朝日电视台的《讨论到天亮》节目中说过：“德国真是狡猾，把所有战争责任都推给了纳粹。”我能理解他的意思，但总觉得这种简单化的说法有误导性。

因为纳粹是一个与国家组织自身高度结合的党，所以很难明确地将战时德国的军队、警察、官僚机构、学校和大学等公共机构中的个体行为在“自发的纳粹主义”和“被强迫的纳粹主义”之间做出区分。正如在第一章中提到雅斯贝斯的讨论，以及“戈德哈根之争”中看到的，在德国社会中，也有关于未曾主动认识到纳粹党卫队实施大屠杀恶行的一般国民的责任的讨论。

然而，战后责任问题的核心是作为种族灭绝计划的“最终解决方案”，毫无疑问，该方案是由纳粹这一持有特定“世界观政党”的人种意识形态产生的。因此，战后的德国强调“我们当前的思考和行动根本不同于纳粹党所崇信的意识形态”，简言之就是通过强调与纳粹之间的距离，进而更容易形成反省过去的姿态，以及推动战后民主化的主张。

与此相比，日本在明治维新后逐渐走向极权主义体制并进入战争状态，战后天皇制和旧国家神道的部分组织仍然存在，这造成了一种现象，即很难明确界定究竟发生了何种变化。简而言之，除了宪法第九条以外，与战前的差异并不明显。正因为如此，宪法“第九条”之外，似乎不存在其他围绕修改宪法的主要争论点，以宪法“第九条”为中轴线，护宪派（左翼）与修宪派（右翼）彼此对立的模式一直持续了近六十年。

日本是一个在没有明确“世界观”的情况下，不知不觉之间逐渐从极权体制过渡到民主体制的国家。这种思想上的模糊性，对于西方国家，尤其是像德国这样具有二元对立思维传统的国家的人们而言，恐怕是很难理解的。正是由于存在这种在西方看来的“模糊性”，日本既受益，又受损。因此，我们应该自觉意识到这一点，并认真梳理这种两面性。

2005 年 3 月，光文社新书的总编辑古谷先生向我提出一个企划建议：“今年是战后六十年，为什么不写一本关于日本和德国这六十年思想史的书呢？”当时我觉得这似乎是一个可行的方案，但当实际动笔之后，才发现几乎找不到一本全面对比日本和德国“战后思想”的入门书。虽然已经出版了一些关于德国战后思想史的书，但几乎没有一本采用点对点对比的方式详细记述两国之间的不同之处，以及产生不同的原因。

在写作过程中我也深有同感，要将关于日本战后思想史的“常识”与其他国家进行比较并相对化，实际上是相当困难的任务。即使对某些事情有一定的“认知”，但要在重新构建历史背景的同时进行解释并不容易。

从这一角度而言，这是一项非常有意义的工作，但由于没有样例可以参考，所以写作过程充满了挑战与试错。有时即使觉得思路清晰，似乎可以轻松下笔，但当真正要将其付诸文字时，往往还是会出现许多难以整合之处。

虽然我仍对自己的总结方式有些疑问，但对于书中那些重点，我还是期待读者能提出“具体且建设性的批评”。在写作过程中，为了将复杂的思想整合到一本书中，往往需要简化和割舍细节，并在一定程度上强行重构上下文。然而，在没有理解这一基本点的情况下，就像小孩子一样胡乱发表这样那样的“批评”，这在日本的德国思想史研究者中并不罕见。但这种批评是不需要的。

2005 年 5 月

金泽大学角间校区　著者

德国与日本 与战后思想相关的主要事件

年份	事件（德国）	事件（日本）
1945	• 5 月，德国无条件投降 • 纽伦堡审判开始 • 托马斯・曼发表演讲《德国与德国人》	• 8 月，日本无条件投降 • 东久迩首相发表《一亿总忏悔》
1946	• 纽伦堡审判宣判 • 雅斯贝斯发表演讲《关于罪责问题》 • 海德格尔《关于人道主义》出版（筑摩学艺文库）[1] • 迈内克《德国的浩劫》出版（中公文库）	• 东京审判开始 • 民主主义科学者协会成立 • 以鹤见俊辅、和子为中心的杂志《思想的科学》创刊 • 丸山真男发表《超国家主义的逻辑与心理》 • 宫泽俊义提出"八月革命说" • 佐佐木惣一与和辻哲郎之间爆发"国体变更"之争
1947	• 霍克海默、阿多诺《启蒙辩证法》出版（岩波书店） P. 87 • 霍克海默《理性之蚀》出版（赛里斯书房）	• 《日本国宪法》施行 • 丸山真男发表《日本自由意志的形成与特质》
1948	• 卢卡奇《青年黑格尔》出版（白水社）※	• 东京审判宣判 • 和辻哲郎《国民统合的象征》出版（岩波书店）
1949	• 德意志联邦共和国（西德）建国 • 德意志民主共和国（东德）建国 • 霍克海默、阿多诺返回西德	• 古在由重《历史唯物论》出版（苇出版社）※
1950	• 法兰克福社会研究所重建 • 海德格尔《林中路》出版（《海德格尔全集》第 5 卷 创文社）	• 宇野弘藏《经济原论（上）》出版（岩波全书） • 梅本克己《唯物论入门》出版（清水弘文堂书房）※
1951	• 海德格尔复职回到弗赖堡大学 • 霍克海默就任法兰克福大学校长，发表就职演说《关于理性概念》 • 阿多诺《最低限度的道德》出版（法政大学出版社）	• 以山川均、向坂逸郎等人为中心成立"社会主义协会" • 丸山真男发表《日本的民族主义》 • 竹内好《现代中国论》出版（河出书房）※

1 括号内指相应著作的日语译本或日文原版书的出版方或收入丛书名，下同。

（续表）

年份	事件（德国）	事件（日本）
1952	• 欧洲煤钢共同体（ECSC）成立	• 《旧金山合约》生效 • 丸山真男《日本政治思想史研究》出版（东京大学出版社） • 宇野弘藏《经济原论（下）》出版（岩波全书）
1953	• 围绕海德格尔《形而上学导论》出版（《海德格尔全集》第 40 卷 创文社）引发争议 P. 92	• 梅本克己《人间论》出版（三一书房）※
1954	• 海德格尔《思的经验》出版（《海德格尔全集》第 13 卷 创文社） • 卢卡奇《青年马克思》出版（密涅瓦书房）※	• 竹内好《国民文学论》出版（筑摩书房）※
1955	• 《最终解决德国问题条约》生效，西德恢复主权 • 西德加入北约 • 阿多诺《棱镜》出版（法政大学出版社）	• 日本共产党“第六回全国协议会”上作出路线转换 • 五五年体制[1]成立
1956	• 针对遭受纳粹迫害的牺牲者的《联邦赔偿法》出台 • 宪法法院下达解散 KPD 的命令 • 阿多诺《认识论的元批判》出版（法政大学出版社）	• 丸山真男《现代政治的思想与行动》出版（未来社） P. 21
1957	• 海德格尔《同一与差异》出版（《海德格尔选集》第 10 卷 理想社）※	• 日本革命共产主义者同盟（革共同）成立
1958	• 欧洲经济共同体（EEC）成立 • 柏林危机	• 共产主义者同盟（BUND）成立

1 日本政坛自 1955 年出现的一种体制，即政党格局长期维持执政党自由民主党与在野党日本社会党的两党政治格局。一般认为该体制结束于 1993 年。五五年体制一词最早见于政治学者升味准之辅于 1964 年发表的论文《1955 年的政治体制》（《思想》1964 年 4 月号）。1955 年，日本保守势力的各党派和革新势力的各党派各自进行了联合，形成了以代表保守势力的自由民主党和代表革新势力的社会党保革对立为特征的体制。在体制上虽然是两党制，实际上是两党制表层下的自民党一党执政的体制。在此体制下，自民党长期处于执政党地位，牢牢控制了日本的政治经济，从而引导日本走上了一条经济优先的道路，创造了日本奇迹，但是在自民党一党长期专政的情势下，日本的政治经济以及社会的发展最后都走进了一个瓶颈。

（续表）

年份	事件（德国）	事件（日本）
1959	• 社会民主党（SPD）通过《哥德斯堡纲领》 • 海德格尔《在通向语言的途中》（《海德格尔全集》第 12 卷 创文社）、《泰然任之》出版（海德格尔选集 第 10 卷理想社）※ • 格拉斯《铁皮鼓》卷（集英社文库）	• 吉本隆明《抒情的理论》出版（未来社）※
1960	• SPD 转换路线支持北约 • 伽达默尔《真理与方法》出版（法政大学出版社） • 雅斯贝尔斯发表《自由与再统一》	• 安保斗争 • 丸山真男发表《忠诚与反叛》
1961	• SDS 脱离 SPD • 修建“柏林墙” • 海德格尔《尼采》出版（海德格尔全集 第 6—1. 2 卷 创文社）	• 丸山真男《日本的思想》出版（岩波新书） P. 96
1962	• 哈贝马斯《公共领域的结构转型》（未来社） p. 105 • 海德格尔《技术的追问》出版（海德格尔选集 第 18 卷 理想社）※	• 名为“江田构想”[1] 的结构改革路线出台 • 吉本隆明《拟制的终焉》出版（大和书房）
1963	• 哈贝马斯《理论与实践》出版（未来社）※ • 格拉斯《狗年月》出版（集英社）※	• 竹内好发表《日本的亚细亚主义》
1964	• 阿多诺《本真性的行话》出版（集英社） P. 92	• 丸山真男、梅本克己、佐藤升等人参与的座谈会“革新思想的问题状况”举行

1 日本政治家江田三郎在 1962 年提出的一种未来社会发展的愿景，旨在通过综合借鉴不同国家的优点来实现一个理想的社会。具体内容包括以下几个方面：美国的高生活水平、苏联的彻底生活保障、英国的议会民主制、日本宪法的和平主义。江田希望通过“江田构想”将上述四个要素综合起来，进而实现一个与大众紧密结合的社会主义社会。这一构想在当时引起了广泛讨论和关注，成为社会党内部以及日本政坛的重要议题。

（续表）

年份	事件（德国）	事件（日本）
1965	• 格拉斯开始支持 SPD 选举 • 马尔库塞《爱欲与文明》出版（纪伊国屋书店）德语译本 P. 102	• 以小田实、鹤见俊辅为中心的“争取越南和平市民联合会”（简称“越平联”）创建 • 吉本隆明《语言的美感是什么》出版（角川索菲亚文库） • 大江健三郎《广岛札记》出版（岩波新书）
1966	• 大联合政府成立 • 阿多诺《否定辩证法》出版（作品社）	• 共产主义者同盟（BUND）重建 • 大冢久雄《社会科学的方法》出版（岩波新书） • 内田义彦《资本论的世界》出版（岩波新书）
1967	• 爆发反对伊朗巴列维国王访德的大规模游行 • 海德格尔《路标》出版（《海德格尔全集》第 9 卷 创文社） • 霍克海默《工具理性批判》出版（衣扎拉书房）※	• 梅本克己《唯物史观与现代》出版（岩波新书）※ • 川岛武宜《日本人的法意识》出版（岩波新书）
1968	• 紧急状态法颁布 • 学生运动白热化 • DKP 成立 • 霍克海默《传统理论和批判理论》出版 • 哈贝马斯《认识与兴趣》出版（未来社）	• 全共斗运动开始 • 吉本隆明《共同幻想论》出版（角川文库索菲亚）
1969	• 勃兰特社会民主党政府成立 • 卢曼《通过程序的正统化》出版（风行社）	• 广松涉《马克思主义的地平线》出版（讲谈社）※ • 山之内靖《马克思恩格斯的世界史像》出版（未来社）
1970	• 西德与波兰恢复外交关系 • 德国赤军派（RAF）结成 • 阿多诺《美学理论》出版（河出书房）	• 日本赤军派“淀号”劫机事件 • 大江健三郎《冲绳札记》出版（岩波新书）
1971	• 哈贝马斯与卢曼《批判理论与社会系统理论》出版（木铎社）	• 联合赤军结成

（续表）

年份	事件（德国）	事件（日本）
1972	• 东西德政府签订《关于两个德国关系基础条约》 • 奥菲《资本主义国家的结构问题》出版	• 浅间山庄事件 • 广松涉《世界交互主体的存在结构》出版
1973	• 东西德国同时加入联合国 • 哈贝马斯《晚期资本主义中正统化的诸问题》出版（岩波书店） • 阿佩尔《哲学的转变》出版（二玄社）※	• 广松涉《科学的危机与认识论》出版（纪伊国屋书店）
1974	• 施密特发表《关于批判理论这一理念》 • 普莱斯纳《迟到的民族》出版（名古屋大学出版社）※	• 广松涉《资本论的哲学》出版（劲草书房）
1975	• 卢曼《权力》出版（劲草书房）	• 广松涉《事的世界观的前哨》出版（劲草书房）
1976	• 哈贝马斯《重建历史唯物主义》出版（法政大学出版社） • 施密特发表《作为历史哲学的批判理论》	• 丸山真男《战中与战后之间》出版（美铃书房）
1977	• 由 RAF 制造的刺杀最高检察院院长、银行行长，绑架杀害工业联盟会会长，汉莎航空劫机事件等恐怖事件相继发生	• 莲实重彦《反“日语论”》出版（筑摩文库）
1978	• 博雷尔发表《惊愕的美学》	• 柄谷行人《马克思，其可能性的中心》出版（讲谈社学术文库） • 莲实重彦《福柯、德勒兹、德里达》出版（河出文库）
1979	• 北约关于装备中距离核武器（INF）的“双重决定” • 德里达《声音与现象》，带霍利西序言的德语译本出版（理想社）	• 栗本慎一郎《经济人类学》出版（东洋经济新报社） • 莲实重彦《表层批判宣言》出版（河出文库）※
1980	• 布洛赫发表《与乌托邦的诀别》	• 广松涉《论“近代的超克”》出版（讲谈社学术文库） P. 110 • 柄谷行人《日本现代文学的起源》出版（讲谈社文艺文库）

（续表）

年份	事件（德国）	事件（日本）
1981	• 爆发反对北约装备 INF 的大规模游行 哈贝马斯《交往行为理论》出版（未来社）※	• 中泽新一《虹的阶梯》出版（中公文库） • 栗本慎一郎《穿裤子的猴子》出版（现代书馆） P. 132
1982	• 基督教民主同盟、社会同盟取代 SPD 成为执政党	• 广松涉《存在与意义》出版（岩波书店）
1983	• “绿党”在联邦议会取得议席 • 斯洛特戴克《犬儒理性的批判》出版（密涅瓦书房） P. 140 • 哈贝马斯《道德意识与交往行为》出版（岩波书店） • 弗兰克《什么是新结构主义》出版	• 浅田彰《结构与力》出版（劲草书房） P. 210 • 柄谷行人《作为隐喻的建筑》出版（岩波书店） • 中泽新一《西藏的莫扎特》出版（讲谈社学术文库） • 莲实重彦《电影 诱惑的写作》出版（筑摩文库） • 西部迈《大众的反叛》出版（PHP 研究所）※
1984	• 尼克特《生活劳动，脱离所有化的时间》出版 • 卢曼《社会系统理论》出版（恒星社厚生阁）	• 浅田彰《逃走论》出版（筑摩文库） • 吉本隆明《大众形象论》出版（福武文库）※ • 西部迈《严肃的嬉戏》出版（筑摩文库）
1985	• 魏茨泽克总统发表题为《荒野四十年》的演讲 • 哈贝马斯《现代性的哲学话语》（岩波书店） P. 120、《新的不透明性》出版（松籁社） • 基特勒发表《话语网络 1800/1900》 • 斯洛特戴克《魔法树》出版（岩波书店）	• 柄谷行人《内省与溯行》出版（讲谈社学术文库） • 莲实重彦《物语批判序说》出版（中公文库） • 中泽新一《雪片曲线论》出版（中公文库） • 栗本慎一郎《铁处女》出版（光文社）
1986	• “历史学家之争”开始 • 基特勒《留声机 电影 打字机》出版（筑摩书房） • 霍耐特《权力的批判》出版（法政大学出版社）	• 中泽新一《疾走的野兔》出版（中公文库） • 丸山真男《读〈文明论之概略〉》出版（岩波新书）

（续表）

年份	事件（德国）	事件（日本）
1987	• 迈因豪斯《无限的二重化》出版（法政大学出版社） P. 119 • 博雷尔《浪漫派的信》出版（法政大学出版社）	• 中泽新一《虹的理论》出版（新潮文库）※ • 西部迈《贫困的过剩》出版（PHP 文库）※
1988	• 弗兰克《理解的界限：利奥塔和哈贝马斯的精神对话》出版（三元社）※ • 哈贝马斯《后形而上学思想》出版（未来社）	• 中泽人事问题纷争，西部迈等人从东大辞职 • 中泽新一《恶党的思考》出版（平凡社）※
1989	• 11 月，柏林墙倒塌 • 弗兰克《早期浪漫派美学导论》出版 P. 119 • 博雷尔《浪漫主义的批判》出版 P. 117 • 博尔兹《批判理论的系谱学》出版（法政大学出版社）	• 吉本隆明《高形象论》出版（筑摩学艺文库） • 福田和也《奇妙的废墟》出版（筑摩学艺文库）
1990	• 东西德统一 • 哈贝马斯与博雷尔之间围绕国民身份认同的争论	• 广松涉《今天必须重读马克思》出版（讲谈社现代新书） • 吉本隆明《高形象论 Ⅱ》出版（筑摩学艺文库） • 大泽真幸《身体的比较社会学》出版（劲草书房）
1991	• 海湾战争爆发，德国向北约区域外派兵	• 大泽真幸《资本主义的悖论》出版（新曜社）
1992	• 各地爆发极右翼的排斥外国人运动 • 哈贝马斯《事实性与有效性》出版（未来社） • 霍耐特《为承认而斗争》出版（法政大学出版社） • 霍利西《面包与葡萄酒》出版（月曜书房）※ • 齐特尔曼和魏斯曼编辑《西方融合》出版 P. 66	•《协助联合国维持和平活动法案》（PKO 法案）通过 • 大泽真幸《行为的代数学》出版（青土社）

（续表）

年份	事件（德国）	事件（日本）
1993	• 修改基本法关于难民庇护的规定，申请难民受限 • 博尔兹《古登堡星系的终结》出版（法政大学出版社） • 基特勒《德古拉的遗言》出版（产业图书） • 卢曼《社会的法律》出版（法政大学出版社）	• 福田和也《日本的家乡》出版（新潮社） • 小林善范《新傲慢主义宣言》出版（幻冬舍文库）
1994	• 博尔兹《被控制的混乱》出版	• 宫台真司《制服少女们的选择》出版（讲谈社） • 吉本隆明《高形象论Ⅲ》出版（筑摩学艺文库）
1995	• 哈贝马斯《柏林共和国的正常性》出版 • 斯洛特戴克开始编辑哲学入门系列书籍《现在正是哲学的时刻》出版（1995—1998）	• 加藤典洋和高桥哲哉之间围绕“战败论（战后责任）”展开争论 • 高桥哲哉《记忆的伦理》出版（岩波书店） • 宫台真司《活在永无终结的日常》出版（筑摩文库）
1996	• 戈德哈根之争 • 施维克、沙赫特编辑《自觉的国民》出版 • 霍利西《正反两面：货币的诗学》出版	• 姜尚中《走向东方学的彼岸》、大泽真幸《虚构时代的尽头》出版（岩波现代文库）
1997	• 博尔兹《渴望意义的社会》出版（东京大学出版社）	• “新历史教科书编撰会”成立 • 加藤典洋《战败后论》出版（讲谈社）
1998	• 施罗德 SPD、“绿党”政权成立 • 哈贝马斯《后民族结构》出版	• 吉本隆明《关于非洲的阶段》出版（春秋社） • 东浩纪《存在论的、邮政的》出版（新潮社） P. 138

（续表）

年份	事件（德国）	事件（日本）
1999	• 哈贝马斯发言支持北约空袭 • 爆发围绕斯洛特戴克《人类园诸规则》的争论 • 德米洛维奇《非体制顺应的知识分子》出版 • 霍利西《表象的终结：媒体的诗学》出版	• 东浩纪《邮政的不安》出版（朝日文库） • 加藤典洋《战后的思考》出版（讲谈社） • 高桥哲哉《战后责任论》出版（讲谈社学术文库） • 西尾干二《国民的历史》出版（《产经新闻》新闻服务） P. 70
2000	• 为了对强制劳动者进行补偿，设立"记忆、责任、未来"基金 • 霍耐特《正义的他者》出版（法政大学出版社）	• 柄谷行人与浅田彰成立 NAM • 小森阳一、高桥哲哉等人发表《21 世纪的纲领》 • 柄谷行人《伦理 21》出版（平凡社图书馆） • 宫台真司、速水由纪子《觉醒吧，赛法》出版（筑摩书房）
2001	• 博尔兹《世界沟通》出版（东京大学出版社）	• "新历史教科书编撰会"的教科书审定合格 • 东浩纪《动物化的后现代》出版（讲谈社现代新书） P. 139 • 柄谷行人《跨越性批判：康德与马克思》出版（岩波书店）
2002	• 德国第二电视台（ZDF）开始播放斯洛特戴克和扎弗兰斯基主持的哲学对话节目《哲学四重奏》	• 小熊英二《"民主"与"爱国"》出版（新曜社） P. 21
2003	• 哈贝马斯与德里达一同发表伊拉克反战宣言 • 霍耐特《不确定性的痛苦》出版	• 大泽真幸、东浩纪《思考自由》出版（NHK BOOKS） • 高桥哲哉《"心"与战争》出版（晶文社）
2004	• 哈贝马斯《分裂的西方》出版 • 霍利西《神、货币、媒体》出版	• 向伊拉克派遣自卫队 • 宫台真司《学习亚细亚主义的终局》出版（实践社）

（续表）

年份	事件（德国）	事件（日本）
2005	• 德国通过《欧盟宪法条约》 • 斯洛特戴克《资本的内部》出版	• 围绕首相参拜靖国神社问题，中国民间抗议日本活动激化 • 高桥哲哉《靖国问题》出版（筑摩书房） • 北田晓大《可笑的日本民族主义》出版（NHK BOOKS）P. 134

书籍带※标记为2005年6月已经绝版。无出版社名字的是没有日语译本的书籍。页码数字指对应本书正文页码。

图字:09-2023-0835号

图书在版编目(CIP)数据

日本与德国 : 两种战后思想 / (日) 仲正昌树著 ; 暴风明译. -- 上海 : 上海译文出版社, 2025. 5.
(历史学堂). -- ISBN 978-7-5327-9810-0
Ⅰ. B313. 5;B516. 5
中国国家版本馆 CIP 数据核字第 2025KW0497 号

日本与德国 : 两种战后思想
[日]仲正昌树 著 暴风明 译
责任编辑/薛倩 装帧设计/赤徉

上海译文出版社有限公司出版、发行
网址: www. yiwen. com. cn
201101 上海市闵行区号景路 159 弄 B 座
上海市崇明县裕安印刷厂印刷

开本 890×1240 1/32 印张 6.25 插页 2 字数 150,000
2025 年 5 月第 1 版 2025 年 5 月第 1 次印刷
印数: 0,001—6,000 册

ISBN 978-7-5327-9810-0
定价: 48.00 元